DE LA NOBLESSE

CHEZ

LES ROMAINS,

PAR M. NAUDET.

PARIS.

IMPRIMERIE IMPÉRIALE.

M DCCC LXVIII.

DE

LA NOBLESSE CHEZ LES ROMAINS,

La noblesse de Rome commença par des priviléges héréditaires, insolents, tyranniques; elle se fondait sur une distinction de castes que sanctionnaient des superstitions. Car l'asservissement d'une caste à l'autre ne se maintient pas sans l'abus des idées religieuses. Le gouvernement romain eut donc, en ces temps primitifs, pour base la théocratie. Les pouvoirs politiques, militaires, sacerdotaux, se concentrèrent entre les mains d'un petit nombre de familles, qui enchaînaient de ce triple lien les peuples subjugués.

Mais l'énergie et la grandeur du génie italien ne pouvaient être contenues et resserrées longtemps dans ces entraves; il les rompit, et, par les conquêtes successives des classes affranchies, il substitua à l'exclusive immobilité de la souche patricienne la puissance populaire et progressive de la noblesse d'illustration. Ce fut le triomphe de la liberté. Mais la liberté eut ses enivrements et ses excès. La noblesse nouvelle, qu'elle avait enfantée, lui devint suspecte et odieuse, et, en voulant l'abattre, elle alla se précipiter avec elle sous le joug du despotisme. Ce fut la punition du débordement de la démocratie. Alors la noblesse, au lieu d'être une puissance, ne devint plus qu'une parure de la servitude et un étalage de vains titres.

PREMIÈRE PARTIE.

DEPUIS LES COMMENCEMENTS DE ROME JUSQU'À LA FIN DE LA RÉPUBLIQUE.

---

§ Ier.

PATRICIAT. — NOBLESSE SÉNATORIALE.

On ne peut comprendre la suite de ces changements dans les conditions de la noblesse romaine que si l'on connaît les éléments dont se forma le peuple romain, et de quelle manière ils s'agrégèrent ensemble. Il faut donc retracer d'abord un crayon de la constitution première, sans franchir la limite des temps historiques et sans se perdre dans le champ des conjectures. L'école allemande, après la critique française[1], a porté hardiment la lumière sur plusieurs points obscurs de ces antiquités. Je ne prétends rien ajouter aux autorités qu'elle a produites; je ne voudrais pas non plus adopter toujours les

[1] *Dissertation sur l'incertitude de l'histoire des quatre premiers siècles de Rome*, par M. de Pouilly (1722; *Mémoires de l'Académie des inscriptions*, t. IV, p. 14). *La République romaine, ou Plan général de l'ancien gouvernement de Rome*, par M. de Beaufort, 6 vol. in-12, 1767. — *Doutes, conjectures et discussions sur différents points de l'histoire romaine*, par M. Lévesque, 1803 (*Mémoires de l'Académie des inscriptions*, nouvelle série, t. II).

interprétations qu'elle en donne; ne serait-ce qu'en voyant les désaccords des plus savants entre eux [1].

Rome, avant d'être la ville des sept collines, voyait, sur les hauteurs qui l'environnaient, des peuplades turbulentes comme elle, qu'elle inquiétait autant qu'elle en était menacée. Elle commença par l'asile du mont Palatin, asile moins infâme que ne le disait Juvénal [2]. Romulus, ou l'état social qu'il représente, n'était pas encore si éloigné des temps où Nestor, en accueillant le fils d'Ulysse dans une bienveillante hospitalité, pouvait lui demander, sans craindre de l'offenser, s'il n'était pas un de ces écumeurs de mer qui vivaient de butin [3]. Et Virgile se tenait plus que Juvénal dans le vrai, quand il représentait ses héros du Latium se faisant gloire de courir sans cesse en guerre pour s'enrichir de dépouilles [4]. Sans doute les compagnons de Romulus ne composaient pas un peuple très-civilisé. Ce n'était pas non plus une bande de voleurs, impur et misérable rebut de villes policées. La discorde et la violence régnaient parmi ces rudes habitants des montagnes, et bien des fugitifs abandonnaient la terre natale pour se soustraire à l'oppression ou à la vengeance. Romulus leur ouvrit un refuge sans leur trop demander compte de ce qu'ils avaient fait chez eux, estimant plutôt ce qu'ils pourraient faire pour lui et pour les siens. Plus d'un se présentait avec une troupe nombreuse; il n'en était que mieux reçu. L'esprit d'organisation aidant, ce ramas d'aventuriers et de bannis devint la tige de la plus grande nation du monde.

[1] Il me suffirait d'ailleurs, pour abréger, de renvoyer à l'ingénieuse dissertation de mon jeune et docte confrère, M. Maury, lue récemment dans les séances de l'Académie. (Voy. le Mém. suiv. p. 107 du vol.).

[2] *Sat.* VIII, 273:

..... ab infami gentem deducis asylo.

[3] Ληϊστῆρες. (Homer. *Odyss.* III, 72.)

[4] *Æneid.* VII, 748; IX, 613: « Vivere « rapto. »

A la suite des premiers fondateurs et des tribus sabines, les colonies issues des pays circonvoisins, Albains, Latins, Toscans, vinrent, soit par des immigrations volontaires, soit par des transplantations forcées, soit par une occupation de consentement mutuel ou de conquête, couvrir de leurs habitations l'Aventin, le Cœlius et les autres collines, et former, sous quelques chefs de l'aristocratie, cette partie de la population romaine subordonnée et passive, colons sur le domaine d'autrui, artisans, marchands, laboureurs, journaliers pour toutes sortes de services, auxiliaires irréguliers dans les besoins de la guerre, corvéables dans la paix, tous associés sous le nom commun de Rome, tous exclus des droits civiques comme plébéiens, jusqu'au temps du roi Servius Tullius. On distingue ainsi trois époques principales des premières origines : l'époque romuléenne, tribu des *Ramnes;* l'époque sabine, tribu des *Tities;* enfin l'époque étrusque, tribu des *Luceres,* que des savants dateraient de l'incorporation des Albains et du règne de Tullus Hostilius, issu d'une colonie de Toscans; mais qu'une opinion plus générale rapporte au roi Tarquin l'Ancien, le Lucumon d'Étrurie, et au compagnon de Cœlé Vibenna, ce Mastarna que Claude identifiait avec Servius Tullius[1].

Il est difficile, en effet, de penser que la constitution de Romulus s'établit systématiquement tout d'abord et se perfectionna ensuite sous les autres rois législateurs, aussi régulièrement que Cicéron, Tite-Live et Denys d'Halicarnasse le racontent[2]; il ne serait pas non plus sans témérité de vouloir

[1] Discours de Claude gravé sur des tables d'airain conservées à Lyon. (Voyez les *Notæ et animadversiones* du Tacite de Brotier, XI, XXIV; *la Description du musée lapidaire de la ville de Lyon,* par le Dr A. Comarmond, in-4°, Lyon, 1846-1854, page 30; la seconde édition des *Antiquités de Lyon,* donnée par MM. Monfalcon et Léon Renier. Lyon, 1854, in-8°, p. 204.)

[2] Cicer. *De Republ.* II; Liv. I; Dionys. III, IV.

deviner, avec trop de certitude, les époques et les modes de sa formation. Il faut donc l'accepter telle qu'ils l'exposent, comme ébauche historique, et en faire notre point de départ.

Le peuple romain fut divisé en trois tribus, les tribus en curies, celles-ci en décuries. A la tête de chacune de ces divisions et subdivisions était un tribun, un curion, un décurion, ayant chacun dans son district l'intendance du culte, de la police et du service militaire. Un conseil d'État de cent sénateurs, choisis parmi les plus distingués et les plus opulents, entoura le roi, tempéra le gouvernement, maintint l'ordre social pendant les interrègnes jusqu'à l'élection d'un nouveau roi. Après l'adjonction des Sabins, le nombre des sénateurs fut porté à deux cents; il s'accrut d'une troisième centaine sous le premier Tarquin par une promotion de familles plébéiennes, c'est-à-dire de populations adventices. Les chefs de ces familles prirent la qualification de pères de seconde origine, *patres minorum gentium;* les sénateurs de Romulus et de Tatius avec leurs descendants étaient les pères de première origine, *patres majorum gentium.*

C'est une erreur de Tite-Live de dire que les premiers sénateurs reçurent le nom de pères à cause de leur âge et de leurs fonctions tutélaires à l'égard du peuple, et que leurs fils et les hommes nés de leur sang furent appelés en conséquence patriciens, *patricii*[1]. Ce titre de *patres* n'appartenait pas exclusivement aux sénateurs. On voit souvent, dans l'histoire, des *patres* agir d'accord avec le sénat, ou quelquefois s'en séparer. On voit même dans les *patres* deux groupes différents, les jeunes et les vieux, *juniores, seniores patrum*[2]. Tant que la noblesse de caste subsista, et que les traces en demeurèrent dans le lan-

[1] «Centum creat senatores... Patres certe ab honore, patriciique progenies eorum «appellati.» (I, VIII.) — [2] Liv. III, XIV.

gage, ce nom de *patres* désigna la caste noble tout entière par opposition à la plèbe. Considérés en corps, les citoyens chefs de *gentes*, ou pouvant le devenir, ou devenir chefs d'une branche de *gens* (*familia*), étaient appelés *patres;* chacun individuellement se nommait patricien, et cette qualification s'appliquait à toute personne et à toute chose appartenant à la caste noble, *homo patritius*, *patritius sanguis*, *patritiæ dignitates*[1]. Le nom de père, en général, était un signe de dignité et de puissance dont on honorait les dieux et les hommes, la marque de l'autorité[2].

En effet, dans cet âge antique, les États se formaient et s'augmentaient, non par des agrégations d'individus, mais par des fédérations de familles, ou plutôt de tribus. Les *gentes* romaines ressemblaient beaucoup aux clans d'Écosse, aux tribus arabes. Elles ne se composaient pas seulement de la progéniture directe d'un premier auteur et des familles qui en étaient issues, comme les rameaux divers d'un même tronc; mais autour d'elles, et sous leur dépendance, vivaient des troupes de serviteurs, soit captifs de guerre ou engendrés de captifs et nés dans la

[1] Tite-Live se dément lui-même en cent endroits : « Id adeo non plebis quam patrum... magis... culpa accidere. » (IV, II.) « Quam enim aliam vim connubia promiscua habere, nisi ut ferarum prope ritu vulgentur concubitus plebis patrumque. » (*Ibid.*) « Eadem ferme de jure patrum ac plebis... dicta erant. » (X, VII.) En aucun de ces passages il ne s'agit des sénateurs. La fausse étymologie du nom de *patricius* a été une cause ou une suite de son erreur : « Patricios... qui patrem ciere possent, id est, nihil ultra quam ingenuos. » (X, VIII.) Et que devient cette étymologie, si l'orthographe du mot est, selon toute vraisemblance, *patritius*, par une formation analogue à celle de tant d'autres de même sorte, *insititius*, *subdititius*, *pastoritius*, *natalitius*, *nutritius*, *primitiæ;* car *primitiæ* est un véritable adjectif qui implique le substantif *partes* sous-entendu? Il se peut, comme le dit Cincius Alimentus (*ap. Festum*, voc. *patritios*), que, dans ces premiers temps, le nom de *patritius* ait été l'équivalent de ce que fut depuis le nom d'*ingenuus*. En effet il n'y avait de vrais citoyens, γνήσιοι, de gens de naissance, que les membres actifs des *gentes;* tout le reste ne comptait point dans la cité, dépendant et exclus; cela n'était point né. Mais les patriciens étaient *patres*, sans être sénateurs.

[2] Macrob. *Saturn.* I, XI; Hor. *Sat.* II, I, 12; Virg. *Æneid.* IX, 449, *passim.* De là *Diespiter*, *Marspiter*, etc.

maison, soit engagés volontairement sous la loi d'une réciprocité de protection et de services. De l'esclavage sortaient des clients, des membres de la *gens*, dont ils portaient le nom générique joint à leur nom individuel[1]. Le roi Servius Tullius, au dire de Cicéron, avait eu pour mère une femme esclave, de Tarquinies, et pour père un client de Tarquin l'Ancien, puis avait été élevé dans la demeure de ce prince, auprès de sa personne, et servant à sa table[2], comme un varlet du moyen âge. Pline fait allusion à ces habitudes domestiques quand il regrette la simplicité des ancêtres, chez lesquels, au lieu de ces multitudes d'esclaves étrangers qui peuplaient, de son temps, les palais des riches, on ne comptait dans chaque maison qu'un seul domestique, du nom de Lucipor ou Marcipor, né près du foyer de son maître et dans la famille[3].

Alors l'état de citoyen indépendant et isolé, sans patron comme sans client, n'était pas moins rare que le franc-alleu au xe et au xie siècle. Il n'y avait rien qui ressemblât à la plèbe des Gracques. Les devoirs mutuels de clientèle et de patronage, tels que Denys d'Halicarnasse les a décrits[4], étaient saintement et rigoureusement observés; c'était la base de la vie civile.

Les concessions de terres attachaient encore par un autre

[1] Par un reste de cet usage, les affranchis continuèrent à se nommer du nom du maître, ou de tout autre, quel qu'il fût, qui les faisait citoyens. Le Claudius qui saisit Virginie comme son esclave était un affranchi d'Appius Claudius. Sylla fit un terrible abus de la coutume, lorsqu'il créa ses dix mille Cornéliens. (App. *Guerres civ.* I, c.)

[2] Cic. *De Rep.* II, xxi. « Quem ferunt ex « serva Tarquiniensi natum, quum esset « ex quodam regis cliente conceptus. Qui « quum famulorum numero educatus, ad « epulas regis adsisteret... » Il faut prendre ce récit moins comme un fait avéré que comme un souvenir et un témoignage de mœurs anciennes dans l'opinion des Romains.

[3] « Aliter apud antiquos singuli Marci« pores Luciporesve, *dominorum gentiles.* » (*Hist. nat.* XXXIII, vi.)

[4] *Ant. rom.* II, ix, x.

genre d'obligation le client au patron. Les historiens rapportent un exemple remarquable de cette espèce d'association. Sous le règne de Romulus, ou plutôt dans les commencements de la République (il paraît que les annalistes ne s'accordaient pas), lorsque le premier Claudius, originaire de la Sabine, vint s'établir avec sa *gens* chez les Romains[1], il fut admis dans les familles patriciennes et dans le sénat, et on lui donna pour lui et pour les siens un territoire dont il fit le partage, et il devint chef d'une tribu toute composée de ses clients, et qui porta son nom[2]. Ainsi tout Romain vivait d'une vie collective, et ne comptait que dans sa *gens*. Tant que les assemblées par curies furent l'unique forme des comices (tout le temps des rois jusqu'à Servius Tullius), on décida les affaires par les votes des *gentes*, non par les suffrages directs des citoyens. Sous la discipline des *pères*, les *gentes* votaient comme un seul homme.

Il n'y avait point de délibération ni de réunion politique sans une cérémonie religieuse et sans auguration; il n'y avait point d'acte important de la vie civile, point de contrat solennel sans consécration religieuse. C'étaient les rois et, après eux, les patriciens, consuls, préteurs, rois des sacrifices, qui avaient l'intendance et l'exercice du culte national, *sacra publica;* c'étaient les chefs de famille qui présidaient au service divin propre à chacune d'elles, *sacra gentilitia;* chacune avait sa divinité, son rituel[3]. Toute autre main qu'une main patricienne aurait profané les autels et les auspices, ceux de l'État,

[1] Denys d'Halicarn. V, XL : « Amenant « une famille nombreuse, συγγένειαν, avec « ses amis et ses clients, plus de cinq mille « hommes en état de porter les armes. » (Cf. Liv. II, XVI; Suet. *Tib.* 1; Festus, v. *Patres.*) Telle était la *gens Fabia,* qui soutint la guerre pour Rome contre les Volsques.

[2] Discours de Claude, note 1, p. 4.

[3] Voyez, dans les récits des historiens, l'épouvantable ruine de la *gens Potitia,* en punition de sa négligence (Liv. IV, XXIX;

ceux de la maison. On n'imaginait pas que les pouvoirs politiques pussent échoir à d'autres qu'à des patriciens.

Cependant de grandes récompenses méritées par de grandes actions à la guerre, des biens acquis par le savoir-faire et la patience, faisaient sortir peu à peu de la foule un certain nombre de clients et leur donnaient une consistance personnelle; témoin la nombreuse recrue de notables plébéiens que les deux premiers consuls élevèrent au rang de sénateurs et au patriciat pour remplir les vides que le règne de Tarquin le Superbe avait faits dans le sénat[1]. Combien s'était-il écoulé d'années pour que l'opinion acceptât une telle nouveauté? Les auteurs grecs et latins disent moins de deux siècles. Ce serait peu. Auparavant on aimait mieux naturaliser des étrangers, des vaincus, parmi les patriciens, comme le roi Tullus fit les Albains, comme Tarquin l'Ancien ses compagnons d'Étrurie[2], que de souffrir la contagion des parvenus de la plèbe[3].

Mais les esprits et les choses mûrirent pour une grande révolution; elle s'opéra par la constitution de Servius Tullius. Ce ne fut pas encore l'émancipation, mais la naissance du peuple. Du moment que Servius appelait individuellement aux comices les citoyens rangés dans leurs classes et leurs centuries, selon la fortune, non plus seulement selon l'origine, le plébéien fut et surtout put devenir quelque chose. Le mouvement d'ascension de la classe plébéienne était décidé, autorisé, insurmontable. L'aristocratie de l'illustration, accessible

Serv. *ad Æneid.* IX, 269); la gloire d'un Fabius en récompense de son héroïque piété, pendant le siége de Rome par les Gaulois. (Liv. V, XLVI; Val. Max. I, I, 11.)

[1] Liv. II, I; Tac. *Ann.* XI, XXV. Les distinctions aristocratiques étaient encore marquées dans cette promotion. On désigna ces nouveaux venus par la qualification de *conscripti*, sénateurs par agrégation, et non pas d'origine. Ils furent assimilés aux chefs des *gentium minorum*.

[2] Liv. I, XXX, XXXV.

[3] Liv. I, XXX; IV, IV; Dionys. III, XXIX.

à tous, était dès lors en germe, mais avec elle en même temps le pouvoir de l'argent, la passion des richesses.

Presque aussitôt après l'expulsion des Tarquins commença la guerre des maisons patriciennes et du peuple; d'un côté, des efforts opiniâtres, désespérés, pour défendre ses prérogatives; de l'autre, une ardeur infatigable autant qu'intrépide à conquérir la plénitude des droits de la cité. Tite-Live, à défaut d'annales plus authentiques, nous donnera la chronologie de ces conquêtes. L'an 261 de Rome, la révolte du peuple et sa retraite sur le mont Sacré, qui se terminent par le traité de paix avec le sénat, au prix de la création des tribuns, un pouvoir politique tiré de la foule de ceux qui jusque-là n'avaient été rien, un pouvoir reconnu sacré, inviolable, par ceux qui avaient été maîtres de tout. En 303, un code de lois écrites, notoires, au lieu d'une juridiction dont les patriciens avaient seuls le secret et les règles avec l'exercice.

C'était une immense amélioration dans le sort des citoyens, mais où l'on sentait encore l'orgueil injurieux et la violence tyrannique du patricien. Les décemvirs étaient tous patriciens, propriétaires opulents, privilégiés jaloux. Ainsi le dégât ou le vol d'une moisson pendant la nuit entraînait la peine de mort[1]; l'insolvabilité du débiteur, l'esclavage[2]. Les unions par mariage étaient interdites entre les patriciens et les plébéiens[3]. L'auteur de chants satiriques mourait sous le bâton[4].

Mais les plébéiens n'en poussèrent pas moins vigoureusement leurs avantages. En 305, les comices des tribus font des ordonnances, *plebiscita*, qui n'obligent d'abord que les plébéiens, mais qui acquerront, en 468, force de loi sur tous les citoyens de tout ordre. En attendant, ils emportent le *jus*

[1] Table VIII.
[2] Table III.
[3] Table XI.
[4] Table VII.

connubii avec les patriciens, en 312; ils entrent indirectement, par compromis, en partage de la puissance consulaire, sous le titre de tribuns des soldats, l'an 309, et, l'an 388, ils emportent enfin le consulat de pleine possession; puis, la dictature en 397, la censure en 403, la préture en 417, les fonctions d'augures et de prêtres en 454, la dignité de grand pontife en 504.

L'ordre plébéien avait alors dépassé le niveau de l'égalité, car la loi exigeait qu'au moins un des deux consuls, un des deux censeurs, fût tiré de cet ordre; la même assurance ne fut pas réservée en faveur du patriciat[1], et, de plus, il se trouvait nécessairement exclu de la puissance tribunitienne. Dans l'ivresse de leurs succès, les plébéiens allèrent jusqu'à insulter le sénat par la bassesse de leur choix. Il fallait à la multitude un vrai plébéien[2]: ils placèrent à côté de Paul-Émile le boucher Varron. La peine de la faute ne se fit pas longtemps attendre, non plus que l'occasion pour le sénat de se venger dignement. Il alla au-devant du fugitif de Cannes, et remercia le consul de n'avoir pas désespéré du salut de la République. Assurément il ne s'honora pas davantage lorsqu'il mit aux enchères le terrain occupé par le camp d'Annibal aux portes de Rome[3]. Ce siècle est la belle époque du sénat romain. Jamais en aucun temps, en aucun pays, une aristocratie ne se montra plus digne du gouvernement d'un grand peuple.

Alors la transformation de la noblesse était accomplie. Que restait-il aux patriciens qui leur appartînt en propre et sans partage? Le droit purement nominal de conférer par une loi curiate le commandement militaire, *imperium*, ou de confirmer le pouvoir politique, *potestas*, aux magistrats élus par les cen-

[1] Liv. VII, XLII; VIII, XII. Conf. VI, XL.

[2] *Vere plebeium*. (Liv. XXII, XXXIV.)

[3] Liv. XXVI, XI.

turies[1]. Il leur restait encore les honneurs du sacerdoce de Jupiter, *flamen dialis,* du collége des Saliens, et des auspices à prendre pour l'inauguration des comices[2]. Les *gentes* n'étaient plus des puissances, mais seulement des noms historiques. Elles pouvaient fournir aussi matière à des questions de droit civil dans les héritages, elles ne comptaient plus dans les affaires du droit public. Beaucoup avaient disparu par extinction ; d'autres, devenues pauvres ou demeurant volontairement éloignées des magistratures, se perdaient dans l'obscurité, ignorées, oubliées, *ignobiles,* jusqu'à ce qu'elles fussent ramenées à la lumière par les talents et la valeur d'un homme de leur sang. Cicéron se permettait de rire des vanités dédaigneuses et des prétentions surannées de certains personnages, estimables d'ailleurs, mais entichés de préjugés ridicules, comme ce Sulpicius, qui s'indignait d'avoir été vaincu, dans sa compétition au consulat, par un plébéien, L. Murena, lui fils d'antiques patriciens. « Si vous déclarez, lui disait-il, qu'il « n'y a que les patriciens qui soient bien nés, il nous faudra « encore une fois nous révolter et conduire le peuple sur le

[1] On ne tenait compte que des *gentes,* des maisons patriciennes, dans les comices par curies. Un vieil écrivain cité par Aulu-Gelle (XV, XXVII) l'explique ainsi : Lorsqu'on vote selon l'ordre des races, les comices sont formés par curies ; d'après la fortune et l'âge, par centuries ; selon la division locale des régions, par tribus. « Quum ex « generibus hominum suffragium feratur, « curiata comitia esse ; quum ex censu et « ætate, centuriata ; quum ex regionibus et « locis, tributa. » Cicéron l'a dit expressément, en s'adressant au peuple dans sa seconde *Agraire* (cap. XI *seqq.*) : « Maintenant que vous êtes en possession des « deux premières sortes de comices, par « centuries et par tribus, les comices par « curies ne se sont conservés que pour « inauguration, *auspiciorum causa.* » Mais ces comices mêmes n'étaient plus déjà, au temps de Cicéron, qu'une fiction, un simulacre. A la convocation et à la proposition du consul ou du préteur, comment répondait l'assemblée patricienne ? Elle était représentée par trente licteurs pour les trente curies, « illis (*comitiis*) ad speciem atque ad usurpationem vetustatis « per triginta lictores auspiciorum causa « adumbratis. » (Cic. *ibid.* XII.)

[2] Cic. *pro Dom.* XIV.

« mont Aventin. Mais, s'il existe d'honorables et grandes familles « plébéiennes, si le bisaïeul de Murena et son aïeul ont exercé « la préture, si son père a triomphé glorieusement comme pré- « teur, ne vous étonnez pas qu'ils lui aient ouvert l'accès au « consulat... Votre noblesse est des plus belles, Servius Sulpi- « cius, mais elle est plus connue des historiens et des savants « qu'elle ne brille aux yeux du peuple et des citoyens qui votent « aux comices. Votre père était de l'ordre équestre, votre aïeul « ne s'est fait connaître par aucune distinction. Aussi je me fé- « licite de vous compter parmi les nôtres (les chevaliers), parce « que vos vertus et vos talents vous ont rendu, vous, fils de « simple chevalier, digne des plus grands honneurs[1]. » Cicéron disait encore à un de ces patriciens arriérés : « Tout le monde « ne peut pas être né patricien; et, s'il faut tout vous dire, on « ne s'en soucie guère. Aucun de vos rivaux ne voit en cela un « avantage pour vous sur eux[2]. »

A côté des familles patriciennes, souvent au-dessus d'elles, s'étaient élevées, dans l'ordre plébéien, des familles prétoriennes, consulaires, triomphales; on se vantait, on se prévalait de ses ancêtres sans distinction de races. Les images des Decius, des Sempronius, des Metellus, des Marcellus, protégeaient les descendants de ces grands hommes, aussi bien que celles des Émiles, des Cornéliens, des Servilius, pouvaient recommander à la faveur publique leurs héritiers. Il n'y avait d'éminent, de puissant par privilége de naissance, que des notoriétés de plus ou moins vieille date[3]. La noblesse formait un parti, non plus une caste, mais un parti aussi jaloux de ses

[1] *Pro Muren.* VII.

[2] *Pro Sull.* VIII.

[3] L'an 462 de Rome, le consul Postumius traitait encore de haut en bas son collègue plébéien et tous les parvenus, τῶν νεωστὶ παρελθόντων εἰς γνῶσιν. (Dionys. p. 2333, éd. de Reiske.) Les choses étaient bien changées au VIe siècle!

prérogatives, aussi méprisant du populaire, aussi intolérant à l'encontre des ambitions d'hommes nouveaux, que l'avaient pu être en leur temps les plus fiers rejetons du sénat de Romulus et des Tarquins[1].

Déjà, dans le VIe siècle, deux plébéiens de grand nom, deux tribuns, Sempronius Gracchus et Sempronius Rutilus, regardant comme un affront qu'on préférât aux nobles, dans l'élection des censeurs, Acilius Glabrion, qui n'avait point d'ancêtres à citer, mais seulement des victoires, lui intentèrent une accusation injuste[2]. Et l'honnête Metellus, autre plébéien illustre, moins violent, non moins superbe, lorsque Marius, déjà en renom dans l'armée et jusque dans Rome, lui demandait un congé pour aller briguer le consulat, ne conseillait-il pas d'un air de pitié à ce soldat de fortune d'attendre que le fils de son général, un tout jeune enfant, eût été consul[3], et de ne pas s'exposer à la honte d'un refus légitime? On le voit, ce n'étaient pas les plébéiens anoblis qui se montraient les moins durs aux plébéiens sans aïeux. Ils donnaient ainsi un éclatant démenti à la constitution romaine, telle, du moins, que Fabricius l'exposait au roi Pyrrhus dans le discours que lui prête Denys d'Halicarnasse[4] : « Ma pauvreté ne m'a pas empêché « de parvenir aux plus hautes dignités auxquelles un citoyen « puisse aspirer. La République fait d'amples et magnifiques « traitements à ceux qu'elle charge du soin de ses affaires. En « sorte que le plus pauvre ne compte pas moins que le plus « riche dans l'estimation du mérite; et tous les Romains sont « égaux quand ils se montrent dignes des honneurs. » Cicéron semblait penser de même[5], non pas quand il parlait dans l'as-

[1] Sall. *Jug.* XLI, XLII, LXIII; Cic. *Verr. act.* I, VI; II, III, IV; *Agrar.* II, I.

[2] Liv. XXXV, LVII.

[3] Plut. *Mar.* VIII.

[4] *Excerpt.* p. 2351, ed. Reisk.

[5] « Nous nous plaignons souvent qu'il

semblée du peuple. Alors il se vantait d'avoir forcé les barrières que la noblesse opposait au mérite sans naissance[1]! Ce droit d'éligibilité à tous les emplois pour tous les citoyens, conquête de l'ordre plébéien sur le patriciat, n'était en effet, le plus souvent, qu'un mensonge d'équité politique. Que sont, que peuvent les lois, quand on les viole ou qu'on les élude? Ce ne sont pas les lois, ce sont les hommes qui font les bonnes républiques. Sous l'ombre de cette égalité éventuelle et incertaine, régnait l'inégalité la plus tyrannique et la plus vexatoire.

Les provinces faisaient ou accroissaient la fortune des nobles; le sénat distribuait les provinces; les nobles devenaient sénateurs par les fonctions publiques, et ils disposaient des comices électifs par leurs cabales, par leurs clientèles, par leurs auspices. La noblesse se recrutant par les magistratures, les magistratures étant envahies par la noblesse, la liberté ne se défendait, ne se relevait que par les insurrections des opprimés et des déshérités, auxquels ne manquaient pas d'ailleurs les instigations incendiaires des tribuns. A la conspiration des intérêts oligarchiques elle opposait les emportements de la multitude soulevée par les factieux. Tous les historiens l'ont observé, l'ont déclaré : après la ruine de Carthage, la guerre de cent ans commença entre les grands et le peuple, qui ne posèrent les armes que dans l'asservissement de tous sous un maître.

La noblesse se concentrait dans le sénat. Par lui, en lui, elle était un corps organisé, puissant, gouvernant. Hors de là, les

« n'y ait pas dans notre cité assez d'avan« tages offerts aux hommes nouveaux. Et « cependant, si obscure que soit la nais« sance d'un citoyen, s'il se montre digne « de soutenir l'honneur de la noblesse par « sa valeur personnelle, il ne cesse point « de s'élever tant que le portera le talent « uni à la probité. » (*Pro Cluent.* XLI.)

[1] *Agrar.* II, I.

nobles n'avaient point de priviléges personnels, point d'immunités, point de pouvoir. Quelques distinctions purement honorifiques pour les sénateurs en particulier, telles que décoration du laticlave et préséance dans les théâtres[1]. Du reste, aucune prééminence héréditaire, aucune exception de justice, aucune prérogative d'admissibilité aux honneurs par droit de naissance. Quelques familles, il est vrai, se perpétuaient dans le sénat, mais par les magistratures curules, par une conséquence de l'élection populaire. Il y fallait encore la nomination des censeurs, qui, en vertu de leur autorité souveraine, revisaient la liste du sénat tous les cinq ans, lorsque des dissensions civiles ou d'autres événements malheureux ne troublaient pas l'ordre accoutumé. Sans la renouveler en totalité, ils y faisaient tels changements qu'il leur plaisait par élimination et par addition, en prenant les nouveaux pères conscrits parmi les magistrats sortant d'exercice, et de manière à tenir toujours au complet le nombre de trois cents[2]. Nul ne pouvait se flatter d'être nommé à vie.

§ II.

LES CHEVALIERS.

Au-dessous du sénat s'éleva, dans le VIIe siècle, l'ordre équestre, dressé comme une machine de guerre contre la noblesse par les Gracques. Tiberius conçut le dessein, Caius l'exécuta en 631.

Ne considérant les chevaliers que dans leurs rapports avec la cité, je ne veux point entrer dans les recherches sur leur organisation militaire, soit dès la première origine, soit après

[1] Seulement depuis l'an 560. (Liv. XXXIV, XLIV, LIV; Val. Max. II, IV, 3.) —
[2] Liv. XXIII, XXIII.

les changements et accroissements qu'elle reçut du gouvernement républicain. C'est un sujet traité avec une grande richesse d'érudition et une profonde intelligence par M. Marquardt[1], M. Zumpt[2] et M. Niemeyer[3].

Un Français, M. de Beaufort, les avait précédés dans cette voie par une dissertation pleine de sagacité, mais qui touchait plus à l'existence des chevaliers dans l'État que dans l'armée[4].

Je ne parlerai pas des deux mémoires très-connus de Lebeau sur la cavalerie légionnaire, dans lesquels M. de Beaufort revendiquait une partie de son bien, non sans quelque raison[5].

Il me suffira de retracer une idée sommaire et un peu conjecturale des faits de cette antiquité obscure.

Les trois tribus des *Ramnes*, des *Tities*, des *Luceres*, avaient leur cavalerie, *turmæ equitum*, nommée de leurs noms, et pour chacune cent hommes. Le nombre fut, dit-on, doublé par Tullus Hostilius, et doublé encore une fois par Tarquin l'Ancien, qui, voulant créer trois escadrons nouveaux, mais contrarié par l'augure Navius, dut garder les anciens noms, et faire seulement des seconds escadrons de *Ramnes*, de *Tities* et de *Luceres*. Il y en eut donc six, en tout douze cents cavaliers, selon les calculs le plus généralement adoptés. Un texte de Tite-Live

[1] *Historiæ equitum romanorum libri quatuor*. Berolini, 1840.

[2] *Ueber die Rœmischen Ritter und den Ritterstand in Rom*. (Mémoire lu à l'Académie de Berlin, mai et juin 1839.)

[3] *De equitibus romanis commentatio historica*. Gryphiæ, 1851.

[4] Mémoire qui obtint le prix dans un concours de l'Académie des inscriptions, en 1753, et qui fut imprimé, en 1767, dans le second volume de l'ouvrage du même auteur : *La République romaine* ou *Plan général de l'ancien gouvernement de Rome*, 6 v. in-12.

[5] Mémoires lus à l'Académie, en 1752 et 1753, et imprimés dans son Recueil, tome XXVIII, 1761. (Voir la note de M. de Beaufort, p. 31 du volume cité plus haut.)

porterait le nombre à dix-huit cents; mais il faudrait admettre, avec quelques auteurs, un autre ordre de composition de ces corps de cavalerie : trois cents hommes dès l'époque de Romulus, trois cents ajoutés depuis Tatius, trois cents depuis Tullus Hostilius par simple accroissement de l'effectif de chaque escadron; enfin Tarquin aurait doublé le nombre des escadrons en donnant à chacun le même nombre de cavaliers[1].

On pourrait même, si l'on pressait le sens d'un passage de Cicéron, estimer à deux mille quatre cents hommes la cavalerie romaine depuis Tarquin l'Ancien[2].

Indépendamment de l'embarras de saisir un nombre certain dans la diversité des récits, j'ai peine à me persuader que l'on ait songé, dans le premier travail des institutions romaines, à composer cette symétrie de cadres régimentaires. Je serais plus tenté de croire que la jeunesse patricienne montait à cheval quand il fallait pour se défendre et plus souvent pour attaquer, accompagnée de clients dévoués, comme les chevaliers de la Gaule et de l'Ibérie[3], comme ceux du moyen âge.

Cicéron, sous le personnage du second Africain, fait une remarque précieuse lorsqu'il dit que Tarquin assigna aux cavaliers, sur les revenus publics, des sommes pour les frais de première acquisition et pour l'entretien des chevaux[4]. Scipion ajoute : « Cette disposition s'est maintenue jusqu'à nos jours. » La conséquence qu'on peut tirer avec quelque assurance de ces paroles est que, vers le commencement du VIIe siècle de Rome, il y avait deux mille quatre cents cavaliers d'ordonnance, *equo*

[1] Voy. Marquardt, p. 3, note 7.

[2] « Par une addition de secondes compagnies aux anciennes, il fit un corps de douze cents cavaliers; et il doubla le nombre après avoir subjugué les Èques, une nation puissante. » (*De Republ.* II, xx.)

[3] Cæsar, *Bell. gall.* III, XXII. Cf. VI, XV; Val. Max. II, VI, 11.

[4] On chargea d'abord de cette contribution les biens des orphelins et des veuves; « Orborum et viduarum tributis. » (Cic. *De Rep.* II, xx.)

publico, qui recevaient une double indemnité en argent[1]. Il est permis de douter que, dès le temps des rois, et même dans les commencements de la République, les chevaliers, tous patriciens, eussent un pareil traitement.

L'État changea de face par l'innovation qui porta le nom du roi Servius Tullius. Tous les citoyens furent inscrits sur les rôles du cens, avec des conditions individuelles et des valeurs très-différentes, mais l'existence civile acquise à chacun et dûment constatée. La tribu devint un département régionnaire, où se mêlaient toutes les fortunes; politiquement, la population se divisa par classes, les classes en centuries, suivant la proportion des biens, sans égard au lieu d'habitation.

Dans la première classe de son système politique et militaire à la fois (la convocation des comices par centuries équivalant à un rassemblement de l'armée[2], de même que, chez les Francs, on appelait indifféremment des noms de *peuple* et d'*armée* l'assemblée nationale[3]), Servius Tullius avait placé, en tête des quatre-vingts centuries de fantassins d'élite, douze centuries de cavaliers, choisis, comme ceux-ci, parmi les plus riches et les plus distingués, en même temps les plus braves[4]. Au-dessus de ces douze centuries, il avait conservé les six escadrons de la création royale antérieure; on les appelait par une dénomination propre et particulière dans les comices, les *six suffrages*[5]. Il est très-vraisemblable que ces six escadrons

[1] *Æs equestre* pour l'achat du cheval; *æs hordeaceum* pour l'entretien.

[2] Aulu-Gelle, XV, XXVII. On appelait les citoyens par un signal de trompette; une troupe se postait en vedette, comme simulacre de guerre.

[3] Voyez Canciani, *Leges Barbaror. antiq. præf.* t. I, p. XI, XII.

[4] Dionys. IV, XVIII.

[5] Festus, voc. *Sex suffragia;* Cic. *De Rep.* II, XXII; I, XLIII : « Equitum ex pri« moribus civitatis duodecim . . . centurias. « Sex item alias. . . » Les votes se comptaient individuellement dans l'intérieur des centuries, et par centuries dans la délibération générale.

étaient, dans l'armée, le corps permanent de la cavalerie, les cavaliers enrôlés, jouissant du cheval donné par l'État[1], et que les douze autres centuries équestres, ayant le cens et l'aptitude pour le même service, faisaient en quelque sorte une cavalerie en disponibilité, prête à suppléer ou à compléter les premières, et les suppléant au besoin.

On vit, l'an 354 de Rome, les cavaliers disponibles des douze centuries[2], dans les périls de la République et la détresse des finances, s'offrir à servir avec leurs propres chevaux[3]. C'est depuis ce jour qu'au dire de Tite-Live il y eut des cavaliers qui se montaient eux-mêmes. Mais, en temps ordinaire, ceux des *six suffrages* composaient la cavalerie constamment organisée; celle qui passait la revue censoriale tous les cinq ans[4] et qui faisait la montre, *transvectio,* chaque année[5].

La jeunesse patricienne d'abord[6], plus tard les jeunes gens des familles nobles[7], quelle que fût leur origine, durent se tenir en possession, autant qu'ils pouvaient, de ce service privilégié.

Je ne puis pas dissimuler qu'ici mon opinion ne s'accorde pas tout à fait avec celle de M. Zumpt et de M. Madvig. Selon

[1] Pline, parlant de temps relativement récents, dit que le nom des *equites* s'appliquait exclusivement aux escadrons des *chevaux publics*, et qu'on appelait juges les citoyens des autres centuries équestres, chevaliers par le cens. Telle est l'assertion de Pline (XXXIII, VII), vraie en un sens restreint, si on la prend comme explication de l'état de choses qui suivit la loi judiciaire des Gracques; sujette à erreur, si on lui donnait un sens trop général et trop absolu.

[2] *Equestri censu.* (Liv. V, VII.)

[3] *Equis suis.* (*Ibid.*) L'*Epitome* dit *equis propriis.*

[4] Liv. XXVII, XI; XLIII, XVI; XLV, XV; *Epit.* XVIII.

[5] Liv. IX, XLVI; Dionys. VI, XIII.

[6] Le patricien Manlius fut le premier cavalier romain qui mérita une couronne murale. (Pline, VII, XXIX.) Cela prouve, comme on le voit souvent dans l'histoire, que les cavaliers figuraient aussi dans l'infanterie légionnaire.

[7] Tite-Live (XXI, LIX) rapporte que les Carthaginois firent prisonniers, dans une rencontre, plusieurs officiers romains « avec cinq cavaliers fils de sénateurs. » Ces *equites* étaient plus que de simples soldats.

eux, les cavaliers d'ordonnance, *equo publico*, étaient répandus dans les dix-huit centuries pour les comices, et se formaient en escadrons de cavalerie pour l'état militaire[1]. Mais ils n'expliquent pas, dans cette hypothèse, la distinction très-marquée par tous les auteurs entre les douze centuries équestres de Servius Tullius et les six escadrons de création antérieure, qui votèrent toujours à part, *sex suffragia*. Un passage de Tite-Live, cité par M. Zumpt lui-même, constate bien la différence des deux catégories de cavaliers; il s'agit d'un jugement rendu dans l'assemblée du peuple : on procède au vote. « Déjà, dit l'au-« teur[2], huit des douze centuries de cavaliers s'étaient prononcées pour la condamnation. » Donc les *six suffrages* formaient une section à part dans les assemblées. Autrement, l'auteur semblerait n'en avoir pas tenu compte, ou il faudrait supposer une erreur dans le chiffre douze mis au lieu de dix-huit.

Une telle séparation des douze centuries et des six autres, les *six suffrages*, n'autorise-t-elle pas à conjecturer qu'il y avait entre elles une différence de condition et d'état? En quoi consistera cette différence, sinon dans l'attribution actuelle, pour les uns, et dans la simple expectative, pour les autres, du cheval public, l'obligation du cens étant la même pour tous, comme aussi l'aptitude civile?

En supposant que les centuries plébéiennes de cavaliers ne continssent pas plus de monde que les escadrons des *Ramnes*, des *Tities*, des *Luceres* (et l'on doit observer que le nombre des citoyens qui entraient dans ces centuries n'était pas limité comme celui des corps militaires, puisqu'on y était admis de droit en vertu de sa fortune, *ex censu*), elles auraient formé un effectif d'au moins deux mille quatre cents cavaliers, qui,

[1] M. Madvig dit même qu'il n'y avait dans les dix-huit centuries que des *equites equo publico*. (*Opuscul.* t. I, p. 76.) — [2] XLIII, XII.

ajoutés aux douze cents des six escadrons, auraient fait un total de trois mille six cents chevaux. C'eût été beaucoup de cavalerie pour les petites armées romaines, en ce temps-là[1], et une grande charge pour le trésor, ou pour les veuves et les mineurs, sur le revenu desquels fut assignée d'abord la dépense. Dans la seconde moitié du VIe siècle, Caton se plaignait qu'il y eût deux mille deux cents chevaux fournis par l'État[2], et il voulait qu'on en réduisît le nombre à deux mille.

Il y a dans le récit de Tite-Live, cité tout à l'heure[3], une expression qui a paru singulière, jusque-là que certains éditeurs voulaient la corriger : *Equites equis merere cœperunt*. Cette phrase, traduite littéralement, produirait pour nous un pléonasme ridicule, et cependant c'est la vraie manière d'exprimer en latin la chose que l'auteur a voulu dire.

L'époque de l'établissement de la paye militaire[4] coïncide avec les événements qui motivèrent l'offre généreuse des cavaliers volontaires. Auparavant, ceux que le cens rangeait dans les douze centuries n'étaient astreints au service de la cavalerie que quand on leur assignait le cheval public. Autrement ils s'acquittaient de leur dette envers la patrie dans les rangs des fantassins[5].

Une fois que la solde fut établie, les cavaliers qui se montaient eux-mêmes reçurent aussi une solde, le triple de celle de l'infanterie, et tous les autres émoluments dans la même pro-

[1] Que serait-ce, si, en comptant pour les six escadrons seulement deux mille quatre cents chevaux, on suivait la proportion pour les douze autres centuries équestres ? (Voy. p. 18, note 2.)

[2] « Quo minus duobus millibus ducentis « sit ærum equestrium... De duobus millibus « actum. » (Prisc. VII, VIII, p. 317, éd. Krehl.)

[3] Page 20.

[4] *Æs militare, stipendium.*

[5] Les douze centuries équestres contenaient plus de têtes que les six escadrons. Ces six escadrons étant au complet, il fallait que le contingent des douze centuries servît dans l'infanterie de la légion, ou ne servît pas du tout. (Voy. p. 25, note 7.)

portion[1]. C'est ainsi que la signification particulière du verbe *merere,* dans le langage militaire, prit naissance[2]; on ne l'aurait pas comprise antérieurement, et elle remplaça le verbe *militare* dans les locutions de ce genre. Maintenant, substituez, dans la phrase de Tite-Live, *militare* ou tout autre synonyme à *merere,* elle n'a plus de sens, ou ne signifie qu'une niaiserie. Mais, avec le verbe *merere,* elle nous apprend que c'est à dater de l'événement dont il est parlé qu'il y eut des cavaliers soldés, c'est-à-dire des citoyens des douze centuries équestres qui servirent à cheval, au lieu de servir, comme autrefois, dans l'infanterie légionnaire, et reçurent une solde[3], à la différence des six escadrons de cavaliers d'ordonnance, lesquels n'avaient point de solde, mais étaient pourvus d'un cheval avec une somme pour l'entretien[4].

Je n'aperçois pas ailleurs de raison suffisante pour justifier la division si tranchée du corps équestre.

Dans les douze centuries, patriciens et plébéiens, nobles et non nobles, se mêlaient plus aisément; on s'y élevait par sa fortune[5], non par le choix et la volonté d'un magistrat et en considération de sa naissance. Le peuple y allait chercher souvent ses tribuns[6], tandis que des patriciens, comme ce Tarquitius, que le dictateur Cincinnatus jugea digne d'être son général de la cavalerie, demeuraient parmi les fantassins, dans les centuries inférieures, faute de biens[7].

[1] Liv. V, XII; VII, XLI; XXXIV, XII; XXXVI, L.

[2] On faisait l'ellipse des mots *æs* ou *stipendium.*

[3] « Equites equis merere (*æs*) cœperunt. » Cf. XXVII, XV : « Magnum numerum conquisiverunt eorum qui equo merere deberent. » Il ne s'agit pas de l'*equus publicus.*

[4] « Equus publicus, æs hordeaceum. »

[5] Dès l'an de Rome 262, il y eut une promotion nombreuse de plébéiens qui s'étaient enrichis, εὐπορήσαντας. (Dionys. VI, XLIV. Voy. p. 25, note 5.)

[6] Aul. Gell. III, IV; Liv. IV, XIII, XV, XXXVIII, XLII. Sex. Tempanius, officier de la cavalerie, *decurio,* fut élu tribun du peuple.

[7] Liv. III, XXVII.

Les premiers des citoyens par leur rang dans la cité[1], les premiers des soldats par leur vaillance[2], les cavaliers étaient la fleur de la société romaine, pas toujours l'exemple. La satire comique leur reprochait de déshonorer les filles du peuple, qui auraient pu se marier à de bons bourgeois[3]. Le jeune Ebutius, dont le père avait été cavalier d'ordonnance, fut lui-même exempté de ce service, en récompense de la dénonciation par laquelle il découvrit la conspiration des Bacchanales. Il l'aurait ignorée, s'il n'avait pas vécu dans le commerce et aux dépens d'une courtisane nommée *Hispala*[4].

Les auteurs latins opposent en général les cavaliers aux gens de pied, comme, chez les modernes, on distinguait autrefois les gens du monde des gens du commun, ou les personnes de condition des classes bourgeoises[5].

On devenait, on pouvait cesser d'être cavalier d'ordonnance par l'ordre des censeurs, et il y avait toute probabilité pour que le fils d'un noble ou d'un chevalier succédât à son père en cas de mort ou de promotion au rang de sénateur, à moins de cause contraire, soit d'inimitié particulière, soit d'incapacité personnelle. Mais le fils d'un cavalier des douze centuries naissait cavalier par droit d'hérédité et par la vertu de sa condition pécuniaire. Là les censeurs ne jugeaient point, ils n'avaient qu'à enregistrer. L'auteur du *Traité des lois*[6] décrit ainsi leur office : « Les censeurs répartiront les citoyens en

[1] Ils sont nommés les chefs, les princes de la jeunesse, c'est-à-dire des hommes en âge de porter les armes, *proceres, principes juventutis.* (Liv. II, xx ; XLII, lxi ; cf. III, vi ; IX, xiv.)

[2] *Ibid.*

[3] « Quæ peditibus nubere poterant, « equites spurcare sperant. » (Pompon. *Prostib. fragmenta.* Conf. Plaut. *Pœnulus*, IV, ii, 9.)

[4] Liv. XXXIX, ix, xi, *seqq.*

[5] Liv. V, vii ; Cic. *De Leg.* III, iii. De là *oratio, musa pedestris.* Cf. *Dio*, LII, xlii.

[6] Cic. *ibid.*

raison des fortunes[1], des âges[2], des ordres[3]; ils feront la répartition de la progéniture des cavaliers et des gens de pied[4]. »

Dès l'origine de la République, les dix-huit centuries de cavaliers furent en possession de fournir des suppléments à l'ordre des sénateurs et d'en remplir les lacunes, même par des promotions en masse, quand il se trouvait trop diminué, ou par les guerres, ou par quelques calamités publiques[5]. Elles en étaient, selon l'expression de quelques auteurs[6], la pépinière naturelle, dans les temps ordinaires, par suite des admissions qui suivaient l'exercice des magistratures; et, à leur tour, elles puisaient continuellement des renforts dans la classe populaire par les agrandissements des fortunes privées. Les patriciens, l'an 262 de Rome, furent violemment irrités contre le consul Valerius Publicola, parce qu'il avait fait monter quatre cents plébéiens au rang de cavaliers[7]. Il n'y avait pas encore de censeurs en ce temps-là, et c'étaient les consuls qui faisaient l'inscription équestre, comme la liste sénatoriale.

Les sénateurs votaient aux comices dans les dix-huit centuries de cavaliers[8], et il leur fut permis, s'ils avaient achevé

[1] Dans les centuries, depuis les premières jusqu'aux plus infimes.

[2] Les centuries des *seniores*, des *juniores*.

[3] Le sénat, les cavaliers, le reste du peuple, et, dans cette multitude, les électeurs à divers degrés de puissance relative, selon leurs centuries, enfin les gens qui n'avaient rien, les prolétaires, les *capite censi*.

[4] « Censores... pecunias, ævitates, ordi« nes partiunto, equitum peditumque pro« lem describunto. »

[5] Le consul Brutus compléta le nombre de trois cents sénateurs par un choix des premiers d'entre les cavaliers, « primori« bus equestris gradus. » (Liv. II, I. Cf. XXIII, XXII.)

[6] Liv. XLII, LXI.

[7] Dionys. VI, XLIV. Cela, pour le remarquer en passant, est une preuve de plus que tout cavalier n'entrait pas dans les cadres des six escadrons et n'avait pas le cheval public. « Chez vous, disait Nabis à « Quinctius, c'est le cens qui fait les ca« valiers, qui fait les fantassins. » (Liv. XXXIV, XXXI.)

[8] Cic. *De Rep.* IV, II.

leurs dix années de service[1], de garder encore le cheval d'ordonnance. On le voit par l'exemple de censeurs et de consulaires, tels que Livius Salinator, Claudius Néron, Scipion l'Asiatique[2].

Plus tard, dans le VIIe siècle, une loi populaire dont les historiens n'ont pas parlé, mais que Cicéron rapporte au temps de Scipion Émilien, interdit aux sénateurs la jouissance de cet avantage[3]. On voulait supprimer le moyen d'influence que pouvaient donner à un certain nombre de sénateurs sur les *six suffrages* un contact habituel et des liens plus étroits. Cette loi fut une inspiration des Gracques, sinon leur ouvrage. Elle suivait à peu d'intervalle une réforme de la constitution de Servius Tullius, réforme dont on ne connaît ni les auteurs, ni le détail, ni la date précise, mais qu'on place dans le VIe siècle. On sait qu'elle avait augmenté le nombre des centuries, soumis aux chances du sort[4] la désignation de la tribu et de la cen-

[1] Les cavaliers étaient libérés après dix campagnes.

[2] Ans 550 et 570 de Rome. (Liv. XXIX, XXXVII; XXXIX, XLIV.)

[3] Scipion Émilien, dans le discours que Cicéron lui prête (*De Rep.* l. c.), parle de cette loi, non comme d'un fait accompli déjà, mais comme d'une menace imminente : « Nimis multis jam stulte hanc utilitatem (*suffragia senatus in equitatu*) tolli « cupientibus, qui novam largitionem « quærunt aliquo plebiscito reddendorum « equorum. » M. Niemeyer a très-justement remarqué que M. Madvig avait altéré le sens de cette phrase en faisant des mots *reddend. equor.* le complément de *largitionem*, au lieu de les joindre à *plebiscito*. Il ne s'agit là ni d'une dispense gracieuse de service, ni d'une distribution d'argent. On veut faire des vacances dans les compagnies *equo publico*, pour avoir des distinctions à donner, *largitionem*, et se faire des créatures; c'est une sorte de largesse à l'adresse des démocrates riches. En obligeant les sénateurs qui avaient gardé leur cheval à s'en défaire, *plebiscito reddend. equor.* on les renvoie des *six suffrages* aux douze centuries, dans lesquelles ira se perdre leur autorité, et l'on se donne la faculté de disposer de leur cheval comme on l'entendra. Même artifice quand on fixe des limites d'âge aux fonctionnaires pour multiplier les retraites et les faveurs.

[4] On avait ruiné ainsi la prépondérance hiérarchique des capacités et des fortunes établie par le roi Servius Tullius dans les comices de centuries. (Liv. I, XLIII.)

turie prérogatives, qui avaient une influence décisive sur les votes, et retiré aux cavaliers le privilége de voter les premiers dans les comices.

Les dix-huit centuries équestres devaient être et furent longtemps en réalité un intermédiaire et un lien entre le sénat et le peuple, entre la noblesse et les plébéiens, mais plus rapprochées de la noblesse que des autres classes par leur position, par leurs affinités, par leurs habitudes sociales, sans former elles-mêmes une noblesse secondaire, un ordre à part. Cela dura tant que les cavaliers n'eurent d'autre condition, d'autre existence que celle qui leur avait été assignée par la constitution de Servius Tullius, c'est-à-dire jusqu'aux conquêtes de la Sicile, de la Grèce et de l'Asie, jusqu'à l'établissement de l'exploitation financière des provinces, vers la fin du VIe siècle.

Deux carrières s'ouvrirent désormais devant les familles équestres : la première, que tout citoyen aspirant à jouer un rôle dans l'État avait parcourue jusqu'alors, celle de la guerre et de la politique, la vie active par excellence dans l'opinion générale; la seconde, qu'on appelait la vie oisive, oisiveté très-occupée et très-laborieuse, celle du négoce et de la finance, qui offrit un appât irrésistible aux Romains, aussi âpres aux profits d'argent qu'aux conquêtes par l'épée[1]. Les riches, c'est-à-dire les cavaliers, s'y jetèrent. Le tribut que chacun portait au questeur en raison du cens était devenu la moindre partie des ressources de la République; il cessa même après la con-

[1] Pendant la guerre de Macédoine, les Thébains assassinèrent beaucoup de soldats romains en quartier d'hiver dans la Béotie, lesquels s'étaient fait donner des congés et couraient le pays, la bourse bien garnie, pour faire le négoce, « negotiandi « causa argentum in zonis habentes. » (Liv. XXXIII, XXIX.) Deux siècles auparavant, une garnison romaine avait été surprise, parce qu'elle laissait entrer sans précaution les marchands dans la ville, et que presque tous les soldats se répandaient dans les campagnes et les villes voisines pour négocier. (*Idem*, V, VIII.)

quête de la Macédoine. On afferma les impôts des provinces, *vectigalia*. Il fallut aussi pourvoir aux besoins des armées, aux différentes espèces de transports et de travaux en donnant toutes choses à l'entreprise, *ultro tributa*. Les régies administratives étaient inconnues aux Romains. Les cavaliers furent les fermiers généraux, en même temps que les entrepreneurs et fournisseurs de la République, sous le nom de *publicains*[1]. Ils s'organisèrent en compagnies[2], les uns adjudicataires en titre et responsables, *auctores, magistri;* les autres seulement intéressés, *socii*, ou prêtant l'argent des cautionnements, *prædes*. Ils faisaient aussi la banque et le commerce en grand, *feneratores, negotiatores*. Au milieu de tant de soins d'une administration si lucrative et si compliquée, le zèle de la gloire des armes dut se refroidir; il se refroidit de plus en plus par le luxe et les plaisirs. Outre la mollesse des mœurs, la vanité contribua encore à dégoûter les riches de la vie des camps. La cavalerie légionnaire ne suffit plus aux armées depuis les guerres d'Annibal. Les cavaliers numides, gaulois, espagnols, avec ceux des cités italiennes, la remplacèrent peu à peu et finirent par l'éclipser, surtout depuis que l'infanterie se recruta dans les classes inférieures[3]. Les centuries équestres dédaignaient de servir à côté des prolétaires. La cavalerie romaine effective diminua; la cavalerie titulaire, par le cens et l'anneau, fit la partie la plus importante, la plus puissante, de l'ordre équestre. C'est dans le temps où les noms de cavalier et de publicain devinrent synonymes que cet ordre se constitua de fait, en attendant que son nom lui fût acquis par l'usage

[1] Avoir une part des fermes, c'était *publicum habere;* de là *publicanus*. (Plaut. *Trucul.* I, II, 47, 55; Liv. XLIII, XVI.)

[2] *Societates decumarum*, « dîmes des céréales; » *societates scripturæ*, « impôts sur les forêts et les prairies; » on écrivait le nombre des têtes de bétail mises en pâture; *portorii*, « douanes et octrois. »

[3] Révolution militaire opérée par Marius. (Sall. *Jug.* LXXXVI.)

et le droit, vers le milieu du VIIe siècle. Déjà, en l'an 585, les deux censeurs Sempronius et Claudius s'attirèrent l'inimitié la plus implacable de la part des chevaliers pour avoir refusé d'admettre aux adjudications des fermes et des entreprises de leur exercice les publicains adjudicataires de l'exercice précédent, en 580[1]. Je ne veux pas dire que tout chevalier fût nécessairement financier et cessât d'être militaire. D'abord, les six escadrons honorés du cheval public, avec les douze autres centuries équestres, se maintinrent jusqu'au règne des empereurs, et il en sortait des tribuns de légion, des préfets de corps auxiliaires, des lieutenants de commandants d'armée, préteurs ou consuls; mais, en général, cette chevalerie figurait plus pour la montre que pour le service. On rougissait d'être simple soldat à cheval, quoique avec triple solde. On aimait mieux entrer dans l'armée en s'attachant comme volontaire à un chef ou à ses lieutenants; quelquefois on se faisait nommer tribun de légion par eux, si l'on n'était pas nommé par le peuple, ou l'on se mettait à leur disposition pour toutes sortes d'expéditions et d'emplois. Ainsi Plancius, chevalier lui-même, avait tenu une place distinguée entre les hommes les plus considérables, tous chevaliers romains, dans l'armée de P. Crassus[2]. Ainsi César, dans la guerre des Gaules, prenait des chevaliers pour commander les navires de sa flottille, et les chargeait de transporter les troupes[3]. Mais les chevaliers s'accoutumèrent, pour la plupart, à préférer le calme et la sécurité de la vie privée aux orages et aux périls de la vie publique, soit qu'ils s'appliquassent à la science du droit et à la culture des lettres, soit qu'ils se livrassent à la pratique des affaires. Cicéron lui-même approuvait fort le langage de ceux qui raisonnaient ainsi : « Nous pourrions nous élever par les

[1] Liv. XLIII, XVI. — [2] Cic. *Pro Planc.* XIII. — [3] Cæs. *Bell. Gall.* VII, LX, LXI.

« suffrages du peuple romain aux plus grands honneurs, si nous « tournions nos vœux et nos efforts du côté des emplois publics. « Nous voyons combien cette carrière a d'éclat et de gloire... « Nous sommes loin de la dédaigner; mais l'ordre dans lequel « nous sommes nés et ont vécu nos pères nous suffit, et nous « aimons mieux notre vie calme et paisible, à l'abri des tem- « pêtes et de l'envie[1]. » — « Non, nous ne méprisons point les « faisceaux, les chaires curules, les commandements, les sa- « cerdoces, les triomphes; mais nous goûtons de préférence les « loisirs d'une vie tranquille[2]. »

Ainsi l'anneau d'or créa, selon l'expression de Pline[3], l'ordre intermédiaire entre les plébéiens et les sénateurs, et à ce signe de la fortune s'attacha le titre qu'avait donné d'abord le cheval de guerre. L'aristocratie de la richesse une fois établie eut aussi ses préjugés de bonne naissance, ses prétentions d'ancienneté, surtout en haine et par mépris des hommes qui avaient soudainement grandi dans les bouleversements des guerres civiles; et beaucoup de gens partageaient les sentiments d'Ovide, lorsqu'il se vantait d'être un héritier de vieille maison équestre, et non un soldat parvenu[4].

Le service de cavalerie était si peu resté l'attribut essentiel des chevaliers, que César, ayant reçu un renfort de cavaliers germains excellents, mais mal montés, leur fit donner les chevaux des officiers de légion et ceux des chevaliers[5]; et, dans sa conférence avec Arioviste, comme il ne se fiait pas aux cavaliers gaulois, il leur emprunta leurs chevaux, qu'il fit mon-

[1] *Pro Cluent.* LVI.

[2] *Pro Rabir. Postum.* VII.

[3] *Hist. nat.* XXXIII, VII.

[4] *Amor.* III, XV :

Si quid id est, usque a proavis vetus ordinis hæres,
Non modo militiæ turbine factus eques.

Cicéron disait aussi (*pro Plancio*, XIII) : « La « chevalerie de Plancius est ancienne; son « père, son aïeul, tous ses ancêtres, ont été « chevaliers. »

[5] *Bell. Gall.* VII, LXV.

ter par des soldats légionnaires[1]; la légion n'avait plus de cavaliers romains.

Cette aristocratie, quoiqu'elle fût peuple elle-même, car tout ce qui n'était pas sénateur ou famille sénatoriale était peuple, devait néanmoins, nous l'avons déjà dit, faire cause commune avec la noblesse et lui servir d'auxiliaire[2]. Les Gracques, par une habile ruse de guerre, rompirent cette alliance, et tournèrent contre le sénat son armée de réserve; ils érigèrent l'ordre équestre en pouvoir judiciaire, et, par la division des intérêts, l'armèrent contre le pouvoir politique.

Jusqu'à l'an 631, c'était le sénat qui avait donné les présidents et les juges des tribunaux criminels, toutes les fois que le peuple romain n'avait pas jugé lui-même en comices de centuries, ou par des commissions élues. Il y avait eu d'énormes abus, des prévarications scandaleuses. Les coupables de concussions, de péculat, de brigues corruptrices, étaient jugés par leurs pairs, qui pouvaient être à leur tour, ou avaient été déjà leurs justiciables. Caius Gracchus, mettant à exécution le projet de son frère, fit passer par un plébiscite les jugements du sénat au peuple, *plebi*[3]; non pas à tous les plébéiens indistinctement, mais à ceux qui, par leur fortune, semblaient offrir une garantie suffisante, ayant le cens équestre[4]. Il pouvait ainsi se flatter d'avoir coupé les nerfs du sénat, sans se faire le bas flatteur de la multitude. Par là les Gracques avaient réussi à s'attacher une grande partie de la classe riche et influente. Ils

[1] *Bell. Gall.* I, XLII. Au début de la guerre civile, les centurions de chaque légion offrirent à César un cavalier sur leur solde de guerre. (Suet. *Cæs.* LXVIII.)

[2] La noblesse avait d'abord combattu les projets des Gracques avec le secours des chevaliers. (Sall. *Jug.* XLII. Cf. Cic. *Pro Dom.* XXVIII; *In Verr.* III, LXXIX; Liv. *Epit.* LX.)

[3] App. *Bell. civ.* I, III, 22; Flor. III, XII, 9; Ascon. *In Divin.* p. 102, 103, éd. d'Orelli.

[4] « Car dans un juge, dit Cicéron (*Phil.* I, « VIII), on doit considérer la fortune et la « dignité. »

firent comme tous les hommes de parti, qui sacrifient l'avenir au présent, en ne considérant que le succès pour eux. J'aime à croire toutefois qu'ils manquèrent de prévoyance plutôt que de bonnes intentions, et que, emportés par l'ardeur de la lutte et par l'indignation des injustices commises, ils ne pressentirent pas celles que leur loi allait faire commettre. A un mal très-grand elles en substituaient un pire; car elles arrachaient les sujets et les soi-disant alliés du peuple romain à la tyrannie des préteurs et des proconsuls pour les jeter en proie à la rapacité des traitants. Désormais les gens de finance, maîtres du sort des magistrats de Rome et des provinces par les tribunaux criminels, les forcèrent de payer la rançon de leurs iniquités par toutes sortes de concessions et de connivences, le tout aux dépens de la République et des peuples tributaires[1]. Il n'y eut alors de magistrats condamnés que ceux qui s'opposaient aux vols et aux cruautés des agents de la ferme générale; témoin l'exil de l'intègre et trop incorruptible Rutilius[2].

Tite-Live a, je crois, fait un anachronisme de langage en quelques endroits de ses récits, lorsqu'il nommait l'ordre équestre, dans les temps où cet ordre n'avait pas encore reçu son institution[3]. Mais il me semble que Pline tombe dans une erreur contraire en la retardant jusqu'au règne d'Auguste. Il affirme que, avant ce prince, n'étaient réputés et dits chevaliers que ceux à qui le censeur avait donné le cheval militaire[4].

[1] Voyez l'invective de l'orateur Crassus contre ces intolérables iniquités. (Cic. *De Orat.* I, LII.)

[2] Vell. Paterc. II, XII. Voyez ce que dit Florus (III, XVII, 3) : « Les chevaliers, forts « d'une si grande puissance et tenant en « leurs mains l'existence et la fortune des « princes de la cité, pillaient de plein droit « la République. Le sénat, abattu par la « condamnation de Rutilius et de Metel- « lus, etc. »

[3] Liv. IV, VIII, XIII; XXI, LIX; XLIII, XVI.

[4] « Equitum nomen subsistebat in tur- « mis equorum publicorum. » (*Hist. nat.* XXXIII, VII.)

Le témoignage de Cicéron est formellement opposé à cette opinion. Pour lui, l'ordre équestre, le second ordre de l'État, existe[1]. C'est un ordre duquel on tire les juges[2]. Juge et chevalier ne font qu'un[3], et la marque distinctive du chevalier, c'est l'anneau d'or, bien ou mal acquis, signe légal d'état et de fortune[4]. Longtemps l'anneau d'or fit une guerre acharnée au laticlave.

A la fin il s'opéra un rapprochement entre les deux ordres par l'effroi des fureurs démagogiques de Saturninus, de Sulpicius, de Servilius Glaucia, des deux Marius et de Cinna, et de leurs successeurs après Sylla, les Catilina et les Clodius[5]. L'unité des deux classes de l'aristocratie romaine se reforma ainsi contre la multitude, dont elles étaient distinguées et séparées par quelques insignes[6], et, pour tout privilége, par une différence de places au théâtre, l'orchestre aux sénateurs, les quatorze premiers rangs de gradins aux chevaliers.

[1] « Secundum ordinem civitatis. » (*Verr.* 2, III, LXXIX.)

[2] Dans la défense de Flaccus, s'adressant aux juges, il dit : « Implorera-t-il le « sénat? Mais le sénat lui-même invoque « votre secours et sent que son autorité dé- « pend de votre puissance. Flaccus aura-t-il « recours aux chevaliers? C'est vous, les « chefs de cet ordre, qui allez prononcer « son jugement. »

[3] Sans doute Caius n'avait pas dit, dans sa loi, que l'on choisirait les juges, *selecti judices*, dans les centuries de chevaliers; mais il avait dit qu'on les prendrait parmi les citoyens ayant fortune équestre et trente ans d'âge. Ils s'appelaient officiellement juges; mais, dans le commerce ordinaire, ils aimaient mieux qu'on les appelât chevaliers.

[4] « Tu encourageais tes amis au pillage, » dit Cicéron à Verrès (2, II, XI,) « et tu les « décorais de l'anneau d'or en pleine assem- « blée. » (Cf. *ibid.* 2, III, LXXVI, LXXX; III, LXXIX, LXXX.) Verrès n'était pas le seul qui se permît de faire des chevaliers romains; le questeur Balbus se vantait d'imiter César par les mêmes actes de pouvoir : « Ludis « quos Gadibus fecit, Herennium Gallum « histrionem summo ludorum die annulo « aureo donatum in XIIII sessum duxit. » (Cic. *Epist. fam.* X, XXXII.)

[5] « Nommerai-je ici les chevaliers ro- « mains... qu'après de longues années de « dissensions le péril d'aujourd'hui ramène « à l'union et à la concorde avec le sénat? » (Cic. *Catil.* IV, VII.)

[6] « Et l'on voit journellement des échap- « pés de l'esclavage se parer de cette déco-

Ces derniers gardèrent sur les sénateurs, même quand ceux-ci recouvrèrent une portion du pouvoir judiciaire[1], un odieux et inconcevable avantage. Tant qu'ils voulaient rester dans leur condition, et ne point courir la carrière des honneurs qui menaient au sénat, ils échappaient à toute poursuite criminelle, à toute responsabilité légale, quelque part qu'ils eussent prise à des actes de concussion, de péculat, de corruption judiciaire. Pourquoi? Ils étaient simples citoyens, et non fonctionnaires publics ou sénateurs. Les lois faites contre les magistrats ou ex-magistrats ne les regardaient point. Même juges prévaricateurs, corrompus ou agents de corruption, ils demeuraient impunissables, parce qu'ils avaient siégé comme jurés indépendants, non comme magistrats responsables, par obligation imposée, non par destination volontaire[2].

« ration (l'anneau d'or). . . de sorte que, « en même temps qu'elle distingue l'ordre « équestre du commun des citoyens, elle lui « est commune avec des esclaves. » (Plin. *Hist. nat.* XXXIII, VIII.) Les fils de chevaliers portaient au cou une bulle d'or jusqu'à l'âge viril; ceux des autres citoyens n'avaient qu'un cordon, *lorum*. (Plin. *ibid.* IV.)

[1] Le pouvoir judiciaire, qu'on se disputait, fut, pendant plus d'un demi-siècle, la cause des troubles intérieurs de Rome. Voici les révolutions par lesquelles passèrent les lois qui disposèrent de ce pouvoir : 1° Loi Sempronia, 631, qui l'attribue aux chevaliers, et en dépossède les sénateurs; 2° l'an 647, Servilius Cæpion fait passer une loi qui rétablit les sénateurs dans leurs droits sans exclure les chevaliers; 3° Servilius Glaucia les en dépouille de nouveau, l'an 649; 4° en 662, le tribun Livius Drusus partage la judicature entre le sénat et l'ordre équestre; 5° l'année suivante, le consul Philippe exclut derechef les sénateurs; 6° en 665, Plautius Sylvanus fait décréter que les juges seront élus par les tribus, quinze par chacune, sans distinction d'ordre ni d'état; 7° Sylla, l'an 674, remet les sénateurs en possession exclusive des jugements; 8° en 683, la loi Aurelia ordonne que les juges seront choisis, en proportion égale, parmi les sénateurs, les chevaliers et les tribuns du trésor, classe des plus riches plébéiens après les chevaliers; 9° jusqu'à l'année 698, c'était le préteur qui avait dressé les listes de jurés à sa volonté. Pompée fit passer une loi qui ordonna de les prendre, pour chacune des trois sections, dans les centuries, parmi les plus riches : « amplissimo censu. »

[2] Cicéron interpelle ainsi les juges (*pro Rabirio Postumo*, V) : « Vous allez rendre « votre jugement. En vertu de quelle loi? « — En vertu de la loi sur les concussions.

La coalition nouvelle des nobles et des chevaliers, à laquelle venait se rallier tout ce qui s'appelait les honnêtes gens, *boni homines*, c'est-à-dire les gens ayant quelque bien à conserver en paix, gens sur lesquels Cicéron ne comptait guère quand il s'agissait de sacrifice et de courage[1], cette coalition, appuyée encore de la partie du peuple qui vivait d'industries utiles et qui redoutait les troubles et les chômages[2], prolongea de quelques années l'agonie de la République, jusqu'à ce qu'elle fût tombée, dans les champs de Pharsale et de Philippes, sous l'empire des Césars.

§ III.

LE PEUPLE.

Ils disaient que c'était le triomphe du peuple sur l'aristocratie; qu'ils avaient vaincu par lui et pour lui. Il cessa en

« — Quel est le prévenu ? — Un chevalier « romain. — Mais cet ordre n'est pas atteint « par la loi... Ainsi Postumus est accusé « en vertu d'une loi dont il n'est point « justiciable, ni lui-même, ni l'ordre tout « entier. » Drusus tenta de supprimer ce privilége, et de rendre tout juge, sans distinction d'ordre, responsable de ses actes. Tout l'ordre équestre se souleva, et triompha du tribun et de la justice. On leur faisait cette objection : « Vous êtes juges, « tout comme les sénateurs, » et ils répondaient : « Oui, mais les sénateurs ont de« mandé de l'être (en recherchant les hon« neurs qui donnaient entrée dans le sénat); « nous, on nous y oblige. *Tam es judex « quam ego senator. Ita est; sed tu istud pe« tiisti, ego hic cogor.* » (*Ibid.* VII.) Et ce qui n'étonne pas moins que cette logique, c'est de voir Cicéron l'approuver avec enthousiasme. « O braves chevaliers romains qui... « résistèrent à M. Drusus! » (*Pro Cluent.* LVI.) Il est vrai que c'est ici l'avocat qui parle; j'aurais voulu interroger en particulier l'auteur des traités *De Republica* et *De Officiis*.

[1] Cic. *Pro Sextio*, IX, XLVII.

[2] « On n'en a trouvé aucun à qui son « humble demeure, le lieu de son industrie « et de son gagne-pain journalier, à qui sa « chambre et son pauvre grabat, à qui en« fin le cours ordinaire de sa vie tranquille « ne parût un bien à conserver précieuse« ment... Tous les gens en boutique sont « amis de la paix, car tous leurs moyens, « toute leur industrie et leur travail ne « s'entretiennent que par la fréquence des « citoyens, ne vivent que dans le calme. » (Cic. *Catil.* IV, VIII.)

effet d'avoir à combattre les nobles. Il n'eut plus qu'à vivre et obéir.

Son histoire durant toute la République peut se résumer dans ces paroles que lui adressait Manlius Capitolinus: « Collec« tivement tout oser, individuellement tout souffrir[1]. » En droit, accès à tout, même pour les plus humbles; en fait, oppression et misère pour le petit plébéien. Cicéron pouvait dire avec vérité : « Je soutiens qu'en aucun pays du monde les hommes « nouveaux ne trouvent de plus grandes ressources qu'à Rome, « où, quelle que soit l'obscurité de sa naissance, chacun, s'il « se montre digne par ses talents des honneurs de la noblesse, « parvient aussi haut que le comporte la persévérance de sa « vertu[2]. »

Depuis que le peuple eut acquis le tribunat, il ne s'arrêta plus dans sa lutte avec les patriciens qu'il n'eût emporté toutes les prérogatives politiques, et que, non content du partage égal, il ne se fût mis, à certains égards, dans une position supérieure : deux plébéiens pouvaient tenir à la fois le consulat; il n'y avait place que pour un seul patricien. Le tribunat était interdit aux patriciens, à moins de renoncer à leur titre originaire et de se faire adopter dans une famille plébéienne, comme Clodius. Les plébiscites firent loi pour tous les citoyens de tout état, sans que le sénat y eût pris part. Enfin, sous la conduite de ses tribuns, la multitude troublait les comices de centuries, ou faisait prévaloir les comices de tribus. A la fin elle arrachait par tumulte et par violence tout ce qu'elle ne pouvait obtenir par les formes légales.

Mais, dans un torrent qui renverse tous les obstacles sur son passage, pour combien compte chacune des gouttes d'eau dont il s'est formé? Pour combien pouvait compter le prolétaire

[1] Liv. VI, XVIII. — [2] Voy. p. 14, n. 5 et Plin. *Hist.* VII, XLIV, XVIII, VII; Dionys. IX, X.

dans les assemblées, lorsque chacune des quatre-vingt-seize centuries composant les cinq dernières classes renfermait plus de têtes que les quatre-vingt-dix autres toutes ensemble de la première classe[1]?

Même au-dessus de ces prolétaires, de ces *capite censi,* qui ne faisaient enregistrer dans les rôles du cens que leur personne, n'ayant nul bien à déclarer, les plébéiens de la quatrième, de la cinquième classe, que devenaient-ils, rentrés dans la vie privée, dans leurs foyers, s'ils en avaient? L'homme ne valait, à Rome, que selon son avoir. Qui ne possédait rien n'était rien[2]. On estimait comme ne présentant aucune garantie tout citoyen qui n'avait d'autre fortune que son travail; il n'était point reçu comme soldat, avant Marius[3]. Il faut entendre de quel ton dédaigneux le poëte comique, tout en plaisantant, traite les gens du peuple et en fait la différence avec les riches[4]. C'était la moindre de leurs disgrâces. Tarquin les avait désolés jadis en les contraignant de porter et de tailler les pierres de ses cloaques et de ses temples[5]. Il y eut des consuls et des préteurs qui essayèrent de suivre cette tradition, et d'employer leurs soldats comme manœuvres dans leurs domaines[6], ou de

[1] Cic. *De Rep.* II, xxii : « Les autres centuries, au nombre de quatre-vingt-seize, « bien supérieures par la multitude de citoyens qu'elles renferment, ne sont alors « ni exclues des suffrages, ce qui serait « despotique, ni investies d'un trop grand « pouvoir, ce qui serait dangereux. » (Traduction de M. Le Clerc.)

[2] « Je ne veux pas qu'on puisse me faire « honte de ma pauvreté, » dit un personnage de Plaute. (*Trin.* III, ii, 27.)

[3] Sall. *Jug.* lxxxvi. Cf. lxxiii : « Des « gens dont tous les biens et les garanties « étaient dans le travail de leurs mains. »

[4] « Cet autre là-bas se plaint de n'avoir « pas de place. Va-t'en. Si tu n'as pas de « siége pour t'asseoir, tu peux te promener... ne t'imagine pas que je vais m'égosiller pour toi. Vous, citoyens, qui « pouvez faire déclaration de biens au bureau du censeur, écoutez mon récit. » (Plaut. *Captiv. prol.* 11-15.) Et Horace : « Crede non illam tibi de scelesta Plebe dilectam. » (*Carm.* II, iv, 17. Cf. *Sat.* II, iii, 188.)

[5] Liv. I, lix.

[6] Liv. *Ep.* XI; Dionys. *Excerpt.* p. 2232; Plin. *Hist. nat.* XXXVI, xxiv.

faire ramer, sous la menace du fouet, des citoyens romains, auxquels ce titre, dans leur indigence, ne servait de rien[1]. Punis très-durement comme soldats pour des batailles perdues qui n'empêchaient pas leurs officiers de solliciter des tribunats et des prétures[2], molestés, insultés souvent par les riches dans le commerce ordinaire de la vie ou dans des rencontres fortuites[3], sans pouvoir obtenir justice[4], saisis par leurs créanciers et réduits en servitude provisoire pour insolvabilité de dettes ou d'amendes[5], chassés de leurs domiciles et de leurs champs par l'invasion de voisins puissants[6], battus de verges arbitrairement par certains préteurs en dépit des lois Porcia[7], ils vivaient d'une vie de privations et d'angoisses, les plus honnêtes et les moins nombreux, sans révolte et sans crime, sinon

[1] Cato, *ap.* Festum, voc. *Portisculus.* « C. Licinio prætore, remiges scripti cives « romani, sub portisculum, sub flagrum « conscripti veniere. »

[2] Liv. XXV, VI; Plaut. *Epidic.* I, I, 29.

[3] Dionys. X, XXVIII; Liv. III, XIII; Plaut. *Amph.* I, I, 2.

[4] « Il n'y a pas de loi égale entre le riche « et le pauvre. » (Plaut. *Cistell.* II, II, 56. Cf. *Aulul.* II, II, 50; Cæcil. *Plocio, ap.* Gell. II, XXIII.) Ici le poëte a la même autorité que l'historien; il présentait aux Romains le miroir des mœurs vulgaires. Caton se plaignait aussi des injures que les pauvres souffraient « propter tenuitatem ac plebita« tem. » (Nonius, *h. v.*)

[5] « Les gens sans foyers et sans res« sources, privés d'état civil pour dettes ou « condamnations (pécuniaires). » (Dionys. IV, XXXI. Voir les récits de Tite-Live, II, XXIII, XXVII; VI, XXVII, XXXIV; VIII, XXVIII, LXXXI; XI, XXIV.) La loi qui interdit la contrainte par corps, en 431-323, ne fut pas bien observée; elle laissait toujours subsister la servitude provisoire pour insolvabilité en cas de peine pécuniaire, « ob « noxam. » (Festus, v. *Obnoxius.* Val. Max. VI, I, 9; VII, VI, I.)

[6] Les historiens s'accordent avec les orateurs et les poëtes pour attester ces insolentes violations de la propriété. Sall. *Jug.* XLI: « Les parents et les enfants des soldats, « si leur propriété touchait à celle d'un « grand, en étaient expulsés. » (Cf. Cic. *Phil.* XIV, IV.) *Pro Tullio fragm.*: « Il ren« contra un voisin qui aimait mieux étendre « son domaine par les armes que par des « transactions légitimes. » Et encore : « Le « scélérat répare ses sottises par les désas« tres de ses voisins. » (Cf. Hor. *Carm.* II, XVIII, 23-28.)

[7] Liv. X, IX; Sall. *Catil.* LI; Cic. *Verr.* 2, I, XLVII : « Il était accoutumé à faire battre « de verges les pauvres citoyens... Comme « il méprisait les pauvres gens!... Pour lui, « jamais le droit d'homme libre n'exista. »

sans envie et sans haine; les autres, la multitude des gens sans feu ni lieu, se mettaient sous la protection et à la solde des factieux dans les élections orageuses et dans les émeutes[1], ou vendaient leurs faux témoignages aux plaideurs[2], et ne reculaient devant aucune mauvaise industrie, également redoutés et méprisables.

Il ne restait plus dans cette lie du peuple de Romulus, comme Cicéron les appelle[3], que bien peu de sang romain. Depuis longtemps les anciennes familles qui peuplèrent l'Aventin et qui suivirent les tribuns sur le mont Sacré s'étaient éteintes par la guerre, par l'indigence, par les accidents ordinaires de l'humanité. Elles avaient été remplacées par des étrangers de toutes nations, que la conquête et la traite amenaient incessamment à Rome les fers aux pieds par milliers, dont la plupart, soit au prix de leur pécule[4], soit en récompense de bons ou blâmables services[5], devenaient citoyens par la baguette du préteur[6]; ils étaient en si grand nombre, que, répandus parmi les tribus indistinctement, ils altéraient les votes. Il fallut, à plusieurs reprises, les renfermer dans les quatre tribus urbaines[7]. Combien de fois n'a-t-on pas cité ces paroles du second Africain, assailli par les vociférations de la

[1] Cic. *Pro Sextio,* VIII, XII, XVII, XXVI.

[2] « Je vais louer un menteur intrigant « au Forum, » dit un personnage de Plaute (*Trin.* III, III, 86; IV, II, 25); et ailleurs un autre : « Tu ne pouvais pas nous amener « des gens plus habiles pour ces sortes d'in- « trigues. Ils n'ont jamais d'empêchements; « ce sont des piliers du Forum. Ils y ont « pris domicile, on les y voit plus souvent « que le préteur; ils savent mieux toutes les « chicanes que ceux qui font les lois, et, « quand il n'y a pas matière à procès, ils en « inventent. » (*Pœnul.* III, II, 5. Cf. *ibid.* III, I, 12, et *Mostell.* I, II, 55; *Rud.* IV, II, 22; Cæcil. *Chrys. fragm.*) Ici les poëtes font encore de l'histoire, l'histoire du VIe siècle. Qu'eussent-ils dit plus tard ?

[3] « In fæce Romuli. » (*Epist. ad Attic.* II, I, *in fine.*)

[4] « Pro capite argentum. » (Plaut. *Rud.* IV, II, 22.)

[5] Dionys. IV, XXIV.

[6] Plaut. *l. c.* Pers. *Sat.* V, 76-79 : « Marcus Dama ! »

[7] Liv. IX, XLVI; XLV, XIV; *Epit.* XX; Val. Max. II, II, 9.

populace en fureur : « Silence, vous pour qui l'Italie n'est point « une mère naturelle! » Puis, les cris redoublant : « Pensent-ils « m'intimider parce qu'ils ont les mains libres, eux que j'ai « amenés ici enchaînés [1]? » Le peuple romain de race pure n'existait plus. Par une conséquence nécessaire, les légions n'étaient plus romaines que de nom, et elles allaient tout ranger, nobles et plébéiens, sous la puissance d'un maître.

DEUXIÈME PARTIE.

DEPUIS AUGUSTE JUSQU'À LA NAISSANCE DE L'EMPIRE D'ORIENT.

---

§ Ier.

NOBLESSE IMPÉRIALE.

Auguste inaugura l'Empire en établissant un ordre hiérarchique de l'état social et de la vie publique, lequel fut ponctuellement observé par lui-même et par ses successeurs, autant qu'il est permis de l'espérer d'un gouvernement absolu. Le sénat, qui cessait en réalité d'être un pouvoir politique et n'en était plus que la forme et l'ombre, fut constitué en corps de noblesse. Les chevaliers, perdant leurs priviléges de fermiers généraux et de juges au criminel, et renfermés dans les attributions de la justice civile[1], reçurent une organisation nouvelle comme second ordre de l'État. Les fonctions publiques devinrent des titres et des degrés de noblesse, et toutes les pro-

[1] Cic. *De Orat.* II, LXIV; Val. Max. VI, II, 3.

[2] *Stlitibus* (pour *litibus*) *judicandis*, formule du droit. Les anciens disaient *stlocum* pour *locum*, et *stlitem* pour *litem*. (Festus, voc. *stlata*.)

motions furent dans la main de l'empereur, soit par nomination directe, soit par désignation de candidats dans les élections laissées au sénat[1], soit par simple influence; on n'aurait pas osé choisir un sujet qui ne fût pas agréable au prince.

Auguste, conservateur hypocrite des institutions antiques, éleva au rang de patriciens des plébéiens notables, pour suppléer à l'extinction des grandes familles qui avaient péri dans les proscriptions et les guerres civiles[2]. Il y avait encore des sacerdoces qui ne pouvaient être exercés que par des patriciens. Claude[3], et, après lui, Vespasien[4] et Trajan[5], réparèrent de même l'action destructive du temps et des tyrans sur les maisons patriciennes. Quelquefois les empereurs faisaient, en vertu de leur pouvoir de censeur, des promotions individuelles[6]; eux-mêmes acquéraient le patriciat en même temps que l'empire[7]. Les élus trouvaient dans cet anoblissement une immense satisfaction de vanité qui les attachait au prince et ne l'offusquait pas, tandis que les anciennes illustrations lui étaient toujours suspectes; elles imposaient au peuple, elles avaient les sympathies du sénat[8].

[1] Tibère transféra les derniers simulacres des comices d'élection du Champ-de-Mars dans la curie. (Tac. *Ann.* I, xv.) Ce reste de pouvoir électoral ainsi concentré dans un si petit nombre d'électeurs, on se fit encore gloire de devoir ses dignités plutôt à la faveur du prince qu'à la libre opinion des citoyens. Les magistrats se vantent d'avoir été recommandés par le prince, *candidatus imperatorum in omnibus honoribus*, Henz. 6501. (Orell. 3, 51, 2284, 2379, 3159-3162; Henz. 6012, 6498, 6512, t. III, tab. p. 103-105.) César avait commencé l'usage de ces recommandations quand les comices étaient encore publics. (Voy. Suet. *Cæsar*, XLI.)

[2] An 725. Tac. *Ann.* XI, XXV; Dio, LII, XLII; Suet. *Cæs.* XLI.

[3] Tac. *l. c.*

[4] Aur. Vict. *Vespas.*

[5] Plin. *Paneg.* LXIX.

[6] Tac. *Agric.* IX; Suet. *Oth.* I; J. Capit. *Anton. philos.* I; Orell. *Inscr.* 723, 773, 3043, 3135.

[7] Dio, LIII, XV; LXXVIII, XVII.

[8] Tac. *Ann.* I, XI; VI, X; XIII, I, XVII, XVIII; XV, XXXV; *Hist.* I, LXXXVIII; Dio, LXIV, IV; LXVII, XV; J. Capit. *Maxim. et Balb.* V, *Maximin.* VIII; Herodian. II, III; VIII, VIII.

LE SÉNAT.

C'est par le sénat que commença la réforme générale. Il fallait le refondre et l'épurer pour lui rendre un peu de consistance et de dignité, surtout après les guerres civiles. C'est ce que voulurent constamment les empereurs, même les plus despotiques, ceux du moins qui n'étaient pas insensés. Le despotisme sent toujours le besoin d'un simulacre de légalité. Les Gaulois de César, les satellites d'Antoine, avaient forcé l'entrée du sénat [1]. Le flot des séditions populaires l'avait envahi à plusieurs reprises et y avait déposé son limon et son écume. Comme héritier des censeurs, il appartenait à Auguste de dresser la liste du sénat, sur laquelle plus de mille noms s'étaient inscrits sans règle et sans droit. Il fallait réduire beaucoup ce nombre, et cependant ajouter à la liste des noms qui y manquaient encore. Les éliminations se firent, après avertissement, par démissions volontaires pour la plupart. On put compter ceux qui attendirent qu'on leur fît justice [2]. Cette restauration du sénat fut un des actes par lesquels Auguste acquit le plus de respect et de popularité, un des mieux entendus dans l'intérêt de sa puissance et de sa sécurité. Il laissait au sénat l'apparence d'une participation à la souveraineté dans le gouvernement des provinces et dans le choix des magistrats; l'apparence du droit de conférer la puissance impériale [3]; l'ap-

[1] Les Romains prenaient, comme certains peuples modernes, leur honte et la violation des lois en riant; témoin cette proclamation anonyme qui fut placardée sur les murs de Rome, pour recommander aux citoyens de ne point indiquer aux nouveaux sénateurs le chemin du sénat. (Suet. *Cæs.* LXXX.)

[2] Dio, LII, XLII. Cf. LIV, XIII, an. 736.

[3] Adrien s'excusa auprès du sénat de n'avoir pas attendu son assentiment pour se faire empereur. (Spart. *Hadr.* VI.) Voyez la formule du sénatus-consulte qui investit les Césars de la souveraine puissance. (Orell. *Inscr.* t. I, p. 567, *lex regia Vespasiani.*) La nomination de Galba par l'armée

parence du pouvoir législatif par les sénatus-consultes; l'apparence de l'administration de la haute justice dans les procès criminels; il n'y manquait que l'indépendance[1]. Si ce corps n'avait pas eu pour lui sa gloire passée et son antiquité vénérable, il tombait dans la plus profonde nullité. Mais le sénat avait toujours une autorité historique; c'était encore un grand nom, *stat magni nominis umbra.* Auguste en fit, pour lui-même et pour ses successeurs, une machine de pouvoir absolu, d'une docilité à toute épreuve, d'une souplesse infatigable. Dans la suite, il n'y eut point d'injustice énorme, point de cruauté sanguinaire, dont le sénat ne se prêtât à couvrir l'odieux, ou de sa complicité ou de son initiative, et jamais, dans ces temps malheureux, au témoignage de Tacite, les actions de grâces aux dieux ne faillirent à signaler les proscriptions et les meurtres commandés par le prince[2]. Aussi les empereurs, même les plus mauvais, se plaisaient à relever ou soutenir la considération du sénat par l'adjonction ou par le maintien de quelques citoyens honorables ou de quelques descendants de familles illustres, en procurant par leurs libéralités aux uns le cens nécessaire pour être admis, aux autres les moyens de prévenir leur déchéance[3].

Tandis que le sénat s'humiliait, se déshonorait au besoin, les sénateurs faisaient grande figure dans le monde. Ils avaient leur ressort privilégié de justice au tribunal de leurs pairs[4],

fut comme la révélation du secret de l'Empire, savoir : qu'on pouvait faire un empereur ailleurs qu'à Rome. (Tac. *Hist.* I, IV.)

[1] Le progrès de la forme monarchique dans la suite des temps est bien marqué par le langage des historiens. Tacite et Dion Cassius, racontant les mêmes faits, les représentent, le premier comme décrétés par le sénat sur la demande du prince, l'autre, comme ordonnés directement par le prince sans nulle mention du sénat.

[2] *Ann.* XIV, LXIV.

[3] Dio, LV, XVII; Tac. *Ann.* II, XLVIII; XIII, XXXIV; Suet. *Vesp.* XVII; Spart. *Hadr.* VII. Le cens sénatorial était d'un million de sesterces, environ 180,000 francs, plus tard, de 1,200,000 sesterces.

[4] Plin. *Epist.* II, XI; IX, XIII.

quand il ne prenait pas envie aux empereurs de les faire égorger ou de les exiler[1]; ils avaient leur place à part dans les spectacles, au premier rang devant tous les spectateurs[2]; les citoyens devaient leur céder le pas en toute rencontre; leur dignité s'annonçait par le laticlave et par la couleur noire et la hauteur de leur chaussure[3], qui enveloppait toute la jambe.

Les noms de sénat et de noblesse devinrent synonymes[4]. Les sénateurs, ainsi que les magistrats de premier ordre, consuls, préteurs, tribuns du peuple, édiles, questeurs, auxquels leurs magistratures donnaient l'entrée au sénat, et les gouverneurs de provinces prétoriennes, prirent la qualification officielle de *très-glorieux, vir clarissimus,* qui dut précéder, ou suivre, ou remplacer leur nom propre ou le titre de leur dignité, lorsqu'on parlait d'eux ou qu'on leur adressait la parole, dans la vie publique, ou même dans le commerce de la société. On voit chez un contemporain d'Adrien, dans des récits d'audience du tribunal ou d'entretiens familiers, cette marque de respect et de déférence communément employée[5]. Déjà Pline, dans le sénat de Trajan, interpellait ainsi les consuls : « Je « crains, dis-je, clarissimes consuls[6], etc. » Il raconte encore que, lorsqu'il se porta accusateur d'un meurtrier d'Helvidius

[1] Sans qu'il faille chercher des exemples dans les règnes de Tibère, de Caligula, de Néron, les histoires d'Adrien, de Sévère et d'autres Césars n'en manquent pas. (Voyez Dion Cassius, LXIX, II, XXIII, LXXIV, II, IX; Spartien, *Hadr.* XV, XXIII, *Septim. Sev.* XII, XIII.)

[2] Voy. p. 16, note 1, et p. 33.

[3] Hor. *Sat.* I, VI, 27; Pitisc. *Lexic.* tome II, p. 735.

[4] Tac. I, LXXXVIII. Cf. Aurel. Vict. *Heliog.* « A la mort d'Opilius, *la noblesse* le « nomma César. » Idem, *Decio* : « *La noblesse* le déclara ennemi de la patrie. » (Idem, *Gord. nep.* et *Claud. Gothic.*)

[5] « Le *clarissime* Herode Atticus... re« vêtu de la puissance consulaire... m'avait « fait demander avec le *clarissime* Servilia« nus. » (Gell. *Noct. Att.* I, II.) « Le *claris« sime* gouverneur de la Crète était arrivé. » (*Ibid.* II, II.) « Toute affaire, *clarissime* « juge, etc. » (*Ibid.* XV, V.) Ceci dit par un avocat au préteur. (Cf. *Dig. fr.* 1, § 2 *De eor. qui sub tutel.* XXVII, IX.

[6] *Epist.* VII, XXXIII.)

Priscus, dans un moment où les murmures de l'assemblée couvraient la voix de Veiento, qui parlait comme défenseur, le tribun Murena maintint à celui-ci la parole en disant : « Je « vous autorise à continuer, *clarissime* Veiento, » comme pour rappeler aux sénateurs que l'orateur ainsi que l'accusé étaient leurs collègues, et pour leur reprocher l'oubli des égards dus à un tel caractère[1].

Le langage des légistes[2] et le style des inscriptions[3] démontrent que ce titre honorifique était devenu un attribut essentiel des personnages de rang sénatorial. Cette noblesse ne fut pas seulement personnelle; elle se communiquait aux femmes, aux enfants[4]; elle se transmit même aux descendants plus éloignés, pourvu que l'héritier ne dérogeât point par forfaiture ou l'héritière par mésalliance[5]. Et telle était la vertu de cette grandeur héréditaire, que les enfants d'un sénateur dégradé ne perdaient point leur rang ni leurs honneurs[6], et le fils de maison sénatoriale, qui passait par adoption dans une famille inférieure, gardait les prérogatives de son origine[7].

Si l'éclat des grands noms avait ses périls sous les tyrans,

[1] *Epist.* IX, XIII. Et, avant l'âge de Pline, le sénatus-consulte pour la conservation des monuments publics, sous le règne de Claude, est daté du consulat des *clarissimes* Hosidius Geta et L. Vagellius. (Orell. 3115.)

[2] Dosith. *Sentent. Hadr.* c. v; *Dig. fr.* 52, § 2, *De judic.* V, I; *fr.* 1, § 2, *De reb. eor. qui sub tut.* XXVII, IX; *Cod. l.* 1, *in quib. casib.* V, XXXVI; *l.* 4, *De testam. mil.* VI, XXI; *l.* 2, *De delator.* X, XI; rescrits de Caracalla, d'Alexandre Sévère et de Gordien. Par l'expression de *speciosæ personæ*, dit le jurisconsulte, nous devons entendre les *clarissimes* de l'un et de l'autre sexe et les personnes décorées des insignes sénatoriaux. (*Dig. fr.* 100, *De verb. signif.* L, XVI. Cf. *fr.* 9, 10, *De senator.* I, IX.)

[3] Orell. 784, 3413, 3764, 3767, 4040; Henzen, 5315, 6909; Renier, *Insc. alg.* 77, 87, 1815, *Mél. épig.* p. 16.

[4] « Burreniæ..... clarissimæ feminæ. » (Grut. *Insc.* 417, 4.) « Porcio... clarissimo « puero. — Porciæ, clarissimæ puellæ. » (Renier, *Inscr. alg.* 1826, 1827; Orell. 3764; Henzen, 5315, 6909.)

[5] *Dig. fr.* 8, *De senator. Cod. l.* 1, *De dignitat.* XII, I.

[6] *Dig. fr.* 34, *De ritu nupt.* XXIII, II.

[7] *Ibid. fr.* 6, *De senator.*

on ne peut nier que la naissance ne fût un important avantage dans les temps ordinaires. Juvénal[1] avait beau déclamer avec les philosophes[2] contre les vanités de l'orgueil nobiliaire, le préjugé n'était que trop fondé sur des exemples vivants et sur la vulgaire réalité. Pline exprimait plus éloquemment que moralement l'opinion commune, lorsqu'il s'écriait : « Pour le fils « d'un consulaire et d'un homme décoré du triomphe, être « nommé consul pour la troisième fois est-ce monter ? Cela ne « lui est-il pas dû ? Cela ne lui est-il pas acquis d'avance par « l'illustration de ses aïeux[3] ? » Et plus loin, il loue Trajan, non pas seulement d'avoir conféré à de jeunes hommes les honneurs que méritait leur naissance, mais « de les leur avoir « offerts avant qu'ils les eussent mérités[4]. »

Les sénateurs ne jouissaient pas des brillants bénéfices de leur état sans les payer de quelques restrictions à leur liberté. Depuis Auguste, il leur fut interdit de voyager hors de l'Italie sans un congé du prince[5]. De ces restrictions quelques-unes semblaient calculées dans l'intérêt de leur dignité. Ni leurs enfants, ni eux-mêmes ne pouvaient contracter mariage avec des personnes affranchies[6]. Adrien leur défendit d'affermer les impôts soit en leur nom, soit par association[7]. Auguste leur avait permis de se faire entrepreneurs seulement pour la fourniture des chevaux du cirque et pour l'entretien du temple de Mars[8]. Cela touchait aux plaisirs du peuple et au culte de la famille Julia[9]. Il y eut, dans les temps postérieurs, une autre

[1] « Stemmata quid faciunt ? » (*Sat.* VIII, I.)

[2] Sen. *De benef.* III, XXVIII ; *Epist.* XLIV.

[3] *Paneg.* LVIII.

[4] *Ibid.* LXIX.

[5] « Cette disposition s'est maintenue « jusqu'à nos jours, » dit Dion Cassius, LII, XLII.

[6] *Dig. fr.* 16, 23, 27, 32, *De ritu nupt.* XXIII, II.

[7] Dio, LXVIII, XVI.

[8] *Ibid.* LV, X.

[9] Le temple de Mars vengeur, bâti après la victoire sur les meurtriers de César. (Ovid. *Fast.* V, 577.)

interdiction qui aurait révolté la fierté des sénateurs de la République, et qui eût été toute une révolution, mais qui ne fit qu'humilier les sénateurs du Bas-Empire, sans trop blesser leur amour-propre. L'an 261, Gallien les exclut de la profession des armes[1]. La preuve qu'il eut tort de les redouter, c'est que le même historien qui raconte le fait leur reproche de n'être pas rentrés dans la vie militaire, lorsque l'ordonnance de Gallien fut tombée avec lui[2].

Entre autres distinctions qui donnaient une éminente supériorité aux hommes de l'ordre sénatorial sur ceux de l'ordre équestre, le cérémonial de la cour en établissait une bien marquée chez les empereurs polis et affables, tels que Trajan. Dans les réceptions, ils baisaient les sénateurs, *osculabantur*[3]; ils saluaient seulement les principaux chevaliers; Trajan faisait cependant à ces derniers l'honneur de nommer chacun par son nom, sans le secours du nomenclateur[4].

L'ORDRE ÉQUESTRE.

Les chevaliers de l'Empire étaient-ils de la noblesse? On serait tenté de dire non, en lisant ces paroles de Tacite, qui semblent la séparer d'eux pour la renfermer dans le sénat : « La noblesse sans courage et sans nul souvenir de la guerre, « les chevaliers étrangers au métier des armes[5]. » Et cependant il paraît être d'un avis différent, lorsqu'il dit que la charge de procurateur de César était une noblesse équestre[6]. Cela peut s'expliquer. Tacite vivait dans les anciennes idées de la Répu-

[1] Aurel. Vict. *Gallien.*

[2] Idem, *Probo.*

[3] On se souvient de ce baiser à peine effleuré, *brevi osculo*, ce froid accueil de Domitien au trop glorieux Agricola. (Tac. *Agr.* XL.) Caligula donnait sa main ou son pied à baiser. (Dio, LIX, XXVII.)

[4] Plin. *Panegyr.* XXIII.

[5] *Hist.* I, LXXXVIII. (Voy. p. 28.)

[6] « Quæ equestris nobilitas est. » (*Agr.* IV.)

blique romaine, qui ne connaissait de nobles que ceux à qui les magistratures avaient ouvert les portes du sénat, et qui voyait le sénat composé de dignitaires émérites ou en activité. Les procurateurs de César, agents impériaux inférieurs aux magistrats du peuple romain, avaient une sorte de noblesse qui ne s'élevait pas au-dessus de l'ordre équestre, une noblesse moyenne, selon l'expression de l'historien Eutrope[1]. Les chevaliers furent, comme on disait autrefois en France, des gens de condition, une classe distinguée tout à fait du peuple par des préséances, des décorations, des capacités politiques, mais une classe très-mêlée, parce que la condition essentielle pour en faire partie, ce fut l'argent, et que l'argent y donnait de plein droit l'admission. « Qu'il te manque six ou sept mille ses-« terces aux quatre cent mille, dit le poëte[2], tu seras peuple. » Et Martial disait à peu près de même : « Tu as l'esprit et le sa-« voir, le cœur et la naissance d'un chevalier, mais tu es peuple « du reste[3]. » En revanche, un barbier enrichi[4], des fils de gladiateurs, de crieurs publics, d'industriels infâmes qui avaient fait fortune, venaient s'asseoir sur les premiers bancs du théâtre, d'où l'inspecteur chassait l'honnête homme pauvre[5].

Dans la vie politique et dans l'opinion, il n'en était pas de même qu'au théâtre. Les scandales de la fortune rejetaient même beaucoup de gens dans l'erreur contraire des préjugés de la naissance. Nous avons vu Ovide se vanter, déjà sous le règne d'Auguste, de ne devoir qu'à ses aïeux, et non à lui-même, son titre de chevalier[6]. On faisait remarquer, dans une

[1] « Nerva... nobilitatis mediæ. » (VIII, 1.)

[2] Hor. *Epist.* I, 1, 58, *plebs eris.*

[3] *Epigr.* V, XXVII. Cf. XXXVIII ; IV, LXVII ; VII, LVII.

[4] *Ibid.* VII, LXIV.

[5] Juven. *Sat.* III, 153. Cf. V, 132.

[6] Voy. p. 30, note 4 ; et il le répète encore dans les *Tristes*, IV, X, 7 : « Ordinis « hæres, Non..... fortunæ munere..... « eques. »

épitaphe, à la gloire du mort, qu'il était né chevalier[1]. Quant aux honneurs, toute main ornée de l'anneau d'or n'avait pas droit ou chance d'y atteindre; il y avait une grande différence entre les parvenus de finance ou de vils métiers, et les jeunes aspirants aux dignités ou les hommes d'âge mûr tenant à de grandes maisons et contents de la haute position que leur faisaient leur opulence et leur crédit, égaux en considération aux sénateurs, sans rechercher les honneurs qui conduisaient au sénat, mais comptés toujours après lui, auprès de lui[2].

LES DÉCURIES JUDICIAIRES.

Ce qu'Auguste avait fait pour le sénat, il le fit pour l'ordre équestre; il lui donna une organisation définitive, des attributions déterminées, une fonction régulière dans l'activité sociale, une place convenablement marquée dans la hiérarchie de l'État.

L'exercice de la juridiction ordinaire fut son partage, les grands procès, les procès politiques étant réservés au sénat. Aux trois décuries judiciaires déjà existantes Auguste en ajouta une quatrième, un peu inférieure par le cens (200,000 ses-

[1] Orell. 3047.

[2] « Les Mattius, les Vedius, et tous ces « grands et puissants noms de chevaliers. » (Tac. *Ann.* XII, LX.) « Un homme de l'or-« dre équestre, mais allant de pair avec les « grands pour l'autorité et la réputation. » (*Idem, Hist.* IV, LIII.) « Mella et Crispinus, « chevaliers romains, tenant un rang de sé-« nateur. » (*Ann.* XVI, XVII.) Un savant traducteur de Tacite, dans une note sur ce passage, adopte la conjecture de Juste-Lipse et d'Ernesti (*ad Ann.* XI, IV), qui pensent qu'il y avait des chevaliers d'un rang supérieur, une classe à part, *illustres*, *splendidi equites*, décorés des insignes sénatoriaux (Caligula en revêtit quelques-uns, Dio, LIX, IX), et, de plus, ayant entrée au sénat. D'abord, c'étaient des faveurs personnelles, des exceptions et non pas la règle générale, la coutume. Qu'on ait accordé le laticlave et la chaussure noire à des chevaliers; on ne craignit pas, sous quelques règnes, de prodiguer les *ornamenta triumphalia, consularia, prætoria*, à des particuliers; mais que l'autorité et les fonctions sénatoriales aient été attachées à ces décorations, c'est ce que j'ai peine à croire. (Cf. Tac. *Ann.* III, XXX.)

terces au lieu de 400,000), pour les moindres procès [1]. Chaque décurie se composa de mille chevaliers, ou, pour parler plus exactement, selon la remarque de Pline, de mille juges[2]; car le nom de chevalier n'appartenait encore, à la rigueur, selon lui, qu'à ceux qui étaient enrôlés dans les six compagnies honorées du cheval d'ordonnance, et qui passaient la montre annuelle (*transvectio*). Mais cette assertion pèche par une forme trop absolue.

Beaucoup de juges, si nous l'en croyons, portaient encore l'anneau de fer[3]. Beaucoup d'autres usurpaient l'anneau d'or. Après bien des réclamations et des plaintes l'usage fut régularisé et sanctionné par un sénatus-consulte, la neuvième année du règne de Tibère. On ne permit de porter l'anneau d'or qu'à ceux dont l'aïeul et le père avaient possédé le cens de 400,000 sesterces et avaient siégé sur les quatorze premiers gradins du théâtre en vertu de la loi Roscia [4], sévérité bien souvent éludée, ordre impuissant par la difficulté de constater les contraventions et par le crédit des contrevenants.

Du reste, les successeurs d'Auguste gardèrent l'institution telle qu'il l'avait faite, si ce n'est que Caligula seulement créa une cinquième décurie judiciaire[5]; ils imitèrent encore son exemple en donnant le titre de chevalier romain aux citoyens notables des municipes de province[6].

[1] « Quæ ducenariorum vocaretur, judi« caretque de levioribus summis. » (Suet. *Aug.* XXXII.)

[2] *Hist. nat.* XXXIII, VII.

[3] Peut-être a-t-il voulu parler des ducénaires. (Voyez ci-dessus, note 1.)

[4] Plin. XXXIII, VIII.

[5] Suet. *Calig.* XVI.

[6] Suet. *Aug.* XLVII; Dio, LIX, IX; Plin. *Hist. nat.* VII, XVIII : « Equitem rom. e Vo« contiorum gente. » *Idem*, XXVI, III : « Quo« dam Perusino equite. » *Idem*, XXXIII, I : « Equitis rom. filium paternaque gente pel« litum. » *Idem*, XXXV, VII : « Equitem « rom. e Venetia. » (Cf. Tac. *Ann.* XVI, XXVII; J. Capit. *Marco*, XX; Orell. *Inscr. lat.* 3040, 3713; Henz. 5275; Gruter. *Insc.* p. 589, 7; Labus, *Ara antica scoperta in Haimburgo.*)

LES CHEVALIERS *EQUO PUBLICO*.

Sous le nom commun de l'ordre équestre, il y eut trois classes de chevaliers très-distinctes, dont les historiens ont bien marqué les différences : au-dessus de tous les autres, les six compagnies du cheval d'ordonnance (*turmæ*) [1], leurs sévirs en tête [2]; on n'y entrait, on n'y était maintenu que par décision impériale [3]; les empereurs avaient en cela succédé à l'office des censeurs, et ils s'y faisaient remplacer par une commission composée de trois membres [4]. Les jeunes gens favorisés pour leur naissance ou pour la gloire de leurs pères figuraient dans les escadrons, à côté des décorés pour leur propre vertu [5]. Aussi les recueils d'inscriptions funéraires nous montrent des chevaliers de ces mêmes compagnies morts à seize ans, à cinq ans [6]. On voyait alors des sénateurs de quatre ans [7].

Les fils de sénateurs et les membres des grandes familles équestres, restés en dehors des six escadrons, faisaient une seconde classe de chevaliers; ce que Dion a expliqué catégoriquement dans un récit des funérailles de Drusus. Il dit que le corps de Drusus fut porté par les chevaliers, tant ceux du corps régulier de cavalerie que ceux des maisons de sénateurs [8].

[1] Un citoyen d'Auximum est successivement *judex selectus ex quinque decuriis* et honoré de l'*equus publ.* (Orell. 3899.) Un notable de Pannonie, *ex quinque decuriis*, a un fils *equo publico*. (Labus, *l. c.*)

[2] Orell. 133, 3044, 3045, 3046, 3135; Renier, *Inscr. alg.* 19.

[3] Dosith. *Sent. imp. Hadr.* c. VI. Cf. Dio, LV, XX; Suet. *Calig.* XVI.

[4] « Triumviratum ..... recognoscendi « turmas equitum quotiescunque opus es- « set. » (Suet. *Aug.* XXXVII.)

[5] Ces chevaliers *equo publico* avaient, dans les jeux publics, une place à part même des autres chevaliers ; c'était ce qu'on appelait *cuneus juniorum*, différent des quatorze gradins. (Tac. *Ann.* II, LXXXIII.) On a, je crois, interprété faussement ce passage.

[6] Orell. 3052, 3053. Cf. 62, 134, 3040, 3050, 3054, 3901; Renier, *Inscript. alg.* 1825, 1826.

[7] « C. Julio C. f. Quir. Celso Maximiano « adlecto annorum quatuor in amplissi- « mum ordinem ab imp. T. Ælio Hadriano « Antonino Aug. Pio. » (Renier, *Mél. épigr.* p. 82.)

[8] LV, II. Dans un autre passage (LIX,

Cette seconde classe s'augmentait des hommes éminents par leur naissance, leurs talents, leur grande position dans le monde, sans avoir exercé de magistratures sénatoriales, *illustres, splendidi equites.*

Enfin la foule de ceux qui n'avaient à faire leurs preuves de noblesse qu'au bureau du cens, et dont l'ambition se bornait à

XI, *οἱ ἱππεῖς τοῦ τέλους οἵ τε εὐγενεῖς παῖδες*) il distingue encore « les chevaliers en« rôlés et les jeunes nobles. » Je doute que Reimarus, l'interprète de Dion Cassius, et quelques autres critiques, aient bien compris le sens que cet historien attache aux mots *τελοῦντες*, *τέλος*, en parlant des chevaliers. Reimarus traduit *οἵ τε ἱππεῖς οἵ τε ἐκ τοῦ τέλους καὶ οἱ ἄλλοι*, *deinde equites, tam qui militabant quam alii* (LVI, XLII), et de même ailleurs (LXI, IX; LXIII, XIII); comme si les *ἱππεῖς ἐκ τοῦ τέλους* étaient des cavaliers de l'armée. Dans son Index, il renvoie, pour l'explication plus complète du mot *τέλος*, à ce passage (LII, XXXIII): *περὶ τῶν ἱππέων τῶν τε ἑκατοντάρχων τῶν ἐκ καταλόγου καὶ τῶν ἰδιωτῶν τῶν πρώτων*, où Dion distingue les centurions légionnaires, qui sont chevaliers, des chevaliers non militaires, *ἰδιωτῶν*, les premiers du peuple, *τῶν πρώτων*. Ici Reimarus assimile *ἐκ καταλόγου*, contrôle de la milice, à *ἐκ τέλους*, corps régulier des chevaliers; je crois qu'il se trompe. Son erreur est plus grave encore lorsqu'il traduit *τῶν ἰδιωτῶν τῶν πρώτων* par le nom de primipilaires. Il aurait évité cette faute, s'il s'était souvenu d'un récit dans lequel son auteur, opposant le militaire au civil, se sert des mots *στρατιώτης*, *ἰδιώτης* (LXXII, XXIV. Cf. XLII, LIII). Ainsi Reimarus change les chevaliers des six escadrons, *ἱππεῖς ἐκ τέλους*, en soldats de cavalerie, et les chevaliers qui ne font point partie des escadrons, les premiers d'entre les particuliers, *τῶν ἰδιωτῶν τῶν πρώτων*, en centurions primipilaires; tandis que la véritable milice à cheval, celle de l'armée, n'est jamais confondue avec l'ordre équestre, ni même avec le corps de ceux qui ont le cheval d'ordonnance. Sturz, dans la note 226 du livre LVI de son édition de Dion Cassius, cite sans examen les opinions de deux érudits, dont l'un s'accorde entièrement avec Reimarus, l'autre le rectifie en un point, mais s'égare pour le reste : « *Τέλος* sunt equites urbani, « ordo equitum, *οἱ ἄλλοι*, equites militan« tes in castris. » Ces commentateurs, alléguant l'autorité d'Hérodien (IV, II; VII, VII et X), donnent une version fausse du *τάγμα ἱππικόν* de cet historien, comme des *ἱππεῖς τοῦ τέλους* de Dion, deux expressions différentes de la même chose, ce qui résulte évidemment de la lecture attentive des textes. D'ailleurs il n'est plus permis de douter que les *ἱππεῖς τοῦ τέλους* de Dion ne soient les *equites equo publico*, après avoir lu cette phrase : « Les cheva« liers, *οἱ ἐκ τοῦ τέλους*, dans leur revue « annuelle, etc. » Il n'y avait que les six escadrons qui fissent annuellement cette cérémonie. En définitive la vérité se trouve, selon nous, dans cette conclusion : Les six *turmæ* sont les *equites equo publico*, *τέλος*, distingués du reste de l'ordre équestre, *οἱ ἄλλοι*.

être mis à part de la plèbe par l'habit et l'anneau et par les préséances au théâtre et au cirque[1], composaient la troisième et dernière classe; c'était la troupe la plus nombreuse assurément.

Les chevaliers avaient été, dans le principe, une élite de citoyens destinés au service de la cavalerie en considération de leur fortune et de leur âge, la jeunesse équestre. Depuis la révolution des Gracques, ils formèrent un parti uni par la solidarité des intérêts, à titre de juges et de publicains. Les empereurs en firent définitivement un corps constitué, le premier degré de l'aristocratie impériale, une noblesse d'expectative et, comme disait Alexandre Sévère, la pépinière du sénat[2].

Il existait un ordre de magistratures inférieures qu'on appelait le *vigintivirat*[3], savoir : les triumvirs capitaux[4], les triumvirs monétaires, les quatuorvirs de la voirie urbaine, les décemvirs de la justice civile[5]. Par l'ordonnance d'Auguste, ces magistrats durent toujours et nécessairement être choisis parmi les chevaliers[6], et le vigintivirat fut l'école par laquelle passaient les prétendants aux charges et dignités qui menaient au sénat: la questure, l'édilité, la préture[7]. Cet ordre d'initiation et de promotion était si bien établi, que Tibère, par une hy-

[1] La loi Roscia, de l'an 686, leur avait fait cette faveur seulement pour le théâtre. Auguste, en 758, voulut que les sénateurs et les chevaliers fussent séparés du peuple aussi aux jeux du cirque, mais sans y avoir fixé une place permanente pour les uns et les autres. (Dio, LV, XXII.) Néron leur en donna une. (Tac. *Ann.* XV, XXXII; Sueton. *Ner.* XI.) Il supprima les euripes dont César avait entouré l'arène, et il y substitua les siéges équestres. (Plin. *Hist. nat.* VIII, VII.)

[2] Lamprid. *Alex.* XIX.

[3] Avant Auguste, c'était le vigintisexvirat. (Orell. 3375.) Il retrancha six de ces magistrats : les deux intendants des voies extra-urbaines et les quatre commissaires en Campanie. (Dio, LIV, XXVI.)

[4] Chargés d'une partie de la police de sûreté et de l'intendance des prisons.

[5] *Stlitibus* pour *litibus judicandis*. C'étaient comme des secrétaires du préteur pour la rédaction des listes des juges et pour les convocations, *cogenda judicia* (Suet. *Tib.* LVIII); et aussi comme des présidents de chambre. (*Dig. fr.* 1, § 29, *de orig. jur.* I, II.)

[6] Dio, LIV, XXVI.

[7] *Id. ibid.*

pocrisie dont personne n'était dupe, lorsqu'il voulut faire nommer son petit-neveu Drusus questeur avant le temps, demanda pour lui au sénat la dispense du vigintivirat[1].

Auguste ménagea encore aux fils de sénateurs ou de chevaliers une autre initiation aux emplois publics par les commandements militaires dans les postes de second ordre, savoir : le tribunat de légion, les préfectures de cavalerie[2]; et, pour multiplier les emplois, il fit deux commandants par escadron. Claude enchérit encore sur les dispositions d'Auguste en faveur des jeunes nobles, et changea l'ordre des grades et de l'avancement : premier grade, préfet de cohorte, infanterie auxiliaire; second, préfet de cavalerie; troisième, tribun de légion; il créa des officiers surnuméraires, titulaires sans fonctions, bénéficiaires sans services[3]. Voilà ce qu'on appelait les *milices équestres*[4], l'apprentissage des jeunes chevaliers.

Ces deux écoles de la vie publique, l'une civile, le vigintivirat; l'autre militaire, les milices équestres, ne s'excluaient pas, au contraire, se combinaient ensemble le plus souvent pour l'éducation des jeunes aspirants[5], les milices après les fonctions civiles.

[1] Tac. *Ann.* III, XXIX.

[2] « Præfecturas alarum. » (Suet. *Aug.* XXXVIII.)

[3] « Imaginariæ militiæ genus, quod vocatur supra numerum. » (Suet. *Claud.* XXV.) Une remarque très-ingénieuse de mon savant confrère L. Renier : Dans aucun des *cursus honorum* conservés par l'épigraphie, on ne voit un fils de sénateur ayant eu le grade de préfet de cohorte ou de préfet de cavalerie; ils commencent tous par celui de tribun. C'est qu'il n'y avait pas de préfet *laticlave*.

[4] M. Léon Renier a très-savamment expliqué le nom et la chose, qu'on n'avait pas compris avant lui. (*Mél. épigr.* p. 203-244. Cf. Henzen, 6930.)

[5] Orell. 773, 822, 1172, 2274, 2379, 3044, 3135, 3174, 3186, 3393, 3441; Henz. 5209, 5426, 5447, 5450, 5502, 6012, 6456[a], 6484, 6485, 6495, 6498, 6500, 6766, 6911, 5912, 6915. Adrien, depuis empereur, débuta par le décemvirat judiciaire, et fut ensuite tribun dans plusieurs légions. (Voyez : Inscription trouvée à Athènes, en avril 1862, communiquée à l'Académie par M. L. Renier.)

Ce n'est pas à dire qu'il fallût, pour se frayer l'accès des grandes fonctions par lesquelles on acquérait le rang de sénateur, parcourir tous les degrés de l'une ou de l'autre de ces carrières préparatoires, encore moins de toutes les deux. Si l'on juge par les nombreux états de services conservés dans les inscriptions, il suffisait d'un seul grade militaire[1] et d'une seule des magistratures vigintivirales[2]. On avait satisfait aux conditions exigées en passant par le vigintivirat, à quelque titre que ce fût[3].

Les fils de sénateurs qui avaient atteint l'âge de la robe virile furent autorisés par Auguste à porter le laticlave et à suivre comme auditeurs les séances du sénat, pour se former à la connaissance des affaires[4]. On permettait l'usage du laticlave aux jeunes gens de familles équestres anciennes et distinguées; c'était l'augure de leur future élévation. Ovide, que sa naissance appelait aux honneurs, et que son père, issu lui-même de chevaliers, voulait pousser dans cette voie, revêtit le laticlave en déposant la prétexte. Mais son obstination à ne faire d'études et à ne prendre parti ni pour les armes ni pour les charges civiles, ne lui permit pas de monter plus haut que le triumvirat, et il se résigna très-volontiers, quoique au grand

[1] Orell. 3139, 3155; Henz. 5426, 5431, 5480. Cf. Dio, LXVII, XI : « Un jeune « homme qui s'était préparé l'espérance du « sénat par le tribunat de légion. » Et Sénèque, lettre XLVII : « Combien de jeunes « gens d'illustre naissance, qui avaient pris « du service pour gagner leur place dans le « sénat, *senatorium per militiam auspicantes* « *gradum*, furent victimes du sort dans le « désastre de Varus! »

[2] Triumvirat monétaire : Orell. 723, 750, 2242, 3134, 3153, 5003; Henz. 5432, 5447, 5450, 5477, 6007, 6981. Triumvirat capital : Orell. 3046, 3151, 3152, 3183; Henz. 6456. Quatuorvirat de la voirie urbaine : Henz. 5448, 5450, 5991. Décemvirat judiciaire : Orell. 3042, 3128; Henz. 5479.

[3] Un personnage est désigné dans une inscription (Orell. 2761) comme *vigintivir monetalis;* il n'y eut jamais de collége monétaire composé de vingt membres. Seulement, le rédacteur de l'inscription a voulu dire que le personnage avait été *vigintivir* dans le triumvirat des monnaies.

[4] Suet. *Aug.* XXXVIII.

déplaisir de son père, à perdre toute prétention au rang de sénateur, et à rétrécir, comme il dit, son laticlave, demeurant simple chevalier[1].

Beaucoup d'autres professaient une abnégation semblable des hautes ambitions, mais avec moins d'heureuse insouciance et par des inspirations moins poétiques. Les uns, comme ce Julianus, patron d'une colonie romaine, qui semble n'avoir point dépassé le décemvirat judiciaire[2], ou comme un des amis de Pline le jeune, qui s'était retiré dans sa province[3], voulaient jouir de leur fortune et de leur oisiveté loin de la cour et de la servitude des grandeurs. D'autres préféraient s'attacher à la personne du prince dans des positions secondaires, administrateurs des domaines et des revenus de César[4], secrétaires ou chefs du secrétariat particulier[5], ou procurateurs chefs de provinces[6]. D'autres encore, par une vanité singulière, comme Mella[7], le frère de Sénèque, se plaisaient à égaler les sénateurs en considération et en importance, quelquefois aussi par les insignes, sans sortir de l'ordre équestre. Mécène lui-même avait gouverné Rome et l'empire, en restant simple chevalier. C'étaient les notabilités, les illustrations de l'ordre[8].

Le titre de chevalier romain ne se voit presque jamais écrit dans les légendes lapidaires des magistrats de l'Empire; il est toujours implicitement indiqué dans le nom d'un des offices

[1] Induiturque humeros cum lato purpura clavo.
. . . .
Cepimus et teneræ primos ætatis honores,
Eque viris quondam pars tribus una fui.
Curia restabat. Clavi mensura coacta est,
Majus erat nostris viribus illud onus.
(*Trist.* IV, x, 29.)

[2] Orell. 3045.

[3] Plin. *Epist.* I, xiv.

[4] *Procurator a rationibus* (Orell. 3331); *Vicesimæ hereditatium* (798); *ad bona damnatorum* (3189).

[5] *Procurator ab epistolis* (Orell. 798, 801, 3189, 3199); *a mandatis Cæsaris* (2952).

[6] Tacit. *Hist.* I, xi.

[7] Tac. *Ann.* XVI, xvii. Cf. *ibid.* III, xxx.

[8] « Splendidi, illustres equites, equestris ordinis decora. »

du vigintivirat ou d'un des grades militaires, début obligé de tout grand fonctionnaire public. Il n'y a que le titre de commandant d'un des six escadrons, *sevir primæ*, *secundæ turmæ*, qui soit mentionné expressément dans la liste des honneurs[1].

Si vous rencontrez, dans une inscription, un nom accompagné de la qualité de chevalier romain, ce sera celui de quelque vétéran récompensé, qui le portait comme une décoration, n'aspirant pas plus haut, et retiré dans le repos de la vie civile[2]; ce sera encore celui de quelque personnage considérable de cité municipale, heureux d'ajouter à ses dignités locales de décurion, de duumvir juridique, ce titre de chevalier de la cité souveraine[3]. Enfin, il n'est guère énoncé que dans les monuments des hommes qui ne se sont point élevés au delà des milices équestres, ou pour qui c'est l'unique honneur[4].

L'ordre des chevaliers, même dans les six escadrons, n'avait rien de militaire que le costume de cérémonie et les souvenirs de l'ancien temps. Il comptait seulement dans l'état civil, et si peu dans l'armée, qu'un vétéran qui obtenait un congé honorable sortait de la milice en entrant dans les rangs des chevaliers[5]. On a pris soin de noter, dans des inscriptions, qu'un chevalier romain a été fait tout d'abord centurion légionnaire[6], et que d'autres ont passé par l'apprentissage de la milice[7].

Dans les six escadrons était l'élite de la jeunesse romaine, la génération qui s'élevait pour succéder aux magistrats, aux

[1] Orell. 732, 1172, *passim*.

[2] Orell. 3048.

[3] Orell. 493, 3048; L. Renier. *Mél. épigraph.* p. 211, 215, 216. Voy. p. 50, note 6.

[4] Orell. 1185, 1548. Voyez la table du 3ᵉ vol. de M. Henzen, au mot *Eques romanus*, p. 88.

[5] « Ex militia in equestrem dignitatem « translato. » (Orell. 3049.)

[6] « Victori centurioni legionario ex equite « rom. » (3733.)

[7] « Eques rom. a militiis. — Equiti rom. « militiis equestribus exornato. » (L. Renier, *Mél. épigr.* Dissert. X, nᵒˢ des inscriptions citées, 7, 12, 23. Voy. p. 54.)

généraux, aux sénateurs; et les empereurs, à l'exemple d'Auguste, prenant pour eux-mêmes le titre de princes du sénat, donnèrent à leurs héritiers présomptifs celui de princes de la jeunesse[1], c'est-à-dire de l'ordre équestre, éminemment représenté par les six escadrons.

Il y eut donc, sous l'Empire, une sorte de noblesse de chevalerie, aristocratique par les priviléges et l'hérédité[2], démocratique par l'immixtion incessante des plébéiens enrichis; et la plèbe romaine envoyait aux classes supérieures plus d'affranchis que d'ingénus[3]. L'esclave, par son affranchissement, faisait souche de citoyen à la seconde génération, de chevalier à la troisième. L'empereur pouvait, mais avec le consentement du patron[4], dans les cas ordinaires, autrement par acte de pouvoir absolu, conférer l'anneau d'or à l'affranchi. L'histoire cite deux exemples éclatants: celui du traître Ménas, qui avait livré la flotte de Sextus Pompée[5], et, comme compensation du premier, celui de Vinius Philopœmen, qui avait caché son patron chez lui pendant les proscriptions[6].

L'armée fournissait aussi son contingent à l'ordre équestre. Des campagnes et des cités municipales, dans toute l'étendue

[1] Tac. *Ann.* I, III; Orell. 726, 743; Henz. 5538, 5546.

[2] « Pour résoudre ces questions (philo- « sophiques), dit Sénèque (*De Benef.* III, « VII), on ne prend pas de juges parmi ceux « que l'hérédité équestre a fait inscrire sur « le tableau. » La noblesse équestre était transmissible aux femmes comme la noblesse sénatoriale. « Les femmes peuvent « obtenir les droits de l'anneau d'or; elles « peuvent aussi obtenir le droit d'ingénuité « et être rendues à leur condition natale. » (*Dig. fr.* 4, *de jur. ann. aur.* XL, X.) On voit dans les inscriptions, *equestri, equestris memoriæ feminæ.* (Renier, *Mél. épigr.* p. 289.)

[3] « Minore in dies plebe ingenua. » (Tac. *Ann.* IV, XXVII. Cf. XIII, XXVII.)

[4] Cette condition se comprend aisément. Pour être fait chevalier, il fallait que l'affranchi reçût en même temps le droit d'ingénuité, et le patron n'avait plus la même autorité et les mêmes droits sur lui que sur un affranchi ordinaire. (*Dig. fr.* 2, 3, *de jur. aur. annul.* XL, X; Cod. *l.* 2, *De jur. aur. annul.* VI, VIII.)

[5] Suet. *Aug.* LXXIV; Hor. *Epod.* IV.

[6] Suet. *ibid.* XXVII. Cf. Orell. 2176.

de l'Empire, la conscription militaire[1] amenait aux légions des citoyens obscurs, dont plusieurs obtenaient de l'avancement par leur bonne conduite et leur bravoure. Outre les décorations militaires dont ils étaient honorés par l'empereur[2], ils pouvaient être promus au grade de centurion avec l'anneau d'or[3], ou nommés à des commandements de cohortes et d'escadrons dans les troupes auxiliaires, toutes milices équestres[4]. Le vétéran blanchi sous le casque finissait par où avait commencé, sans instruction spéciale, sans preuve de capacité, le jeune chevalier avantagé de sa naissance et de son privilége héréditaire.

Cependant, pour qui estimait l'être plus que le paraître, l'ordre était bien déchu, quoiqu'il semblât ennobli et doté de prérogatives nouvelles. En effet, une ligne de démarcation profondément tracée le séparait du peuple[5]. Il marchait dans les cérémonies, il était compté, dans les périls publics, le se-

[1] Voyez, dans les *Mélanges épigraphiques* de L. Renier, p. 73-96, ce qu'étaient les délégués aux levées de soldats dans les provinces. (Cf. Tac. *Hist.* II, LVII; IV, XIV.)

[2] Couronnes murales, javelots d'honneur, colliers, brassards, etc. (Orell. Henz. (*dona militaria*) *passim.*)

[3] Cela date de la fin de la République. Voyez plus haut (p. 52, note) les centurions chevaliers, nommés dans un passage de Dion Cassius. Septime Sévère, ce savant maître de despotisme, l'un des grands corrupteurs de la discipline militaire, donna l'anneau d'or aux simples soldats. (Herodian. III, VIII.)

[4] V. p. 54. Voici les états de service de Pertinax tels que les donne son historien (J. Capitol. *Pert.* XII) : abandonnant une école qui ne lui rapportait rien, il obtient par la protection d'un patron de sa famille le grade de centurion; il devient préfet d'une cohorte, commandant d'une compagnie de cavalerie (*milices équestres*); il est élevé à des commandements supérieurs, il est fait membre du sénat, par conséquent, *clarissime.* (Voyez, pour un exemple pareil, Henzen, 5480.)

[5] Cette assertion semblerait démentie par la sentence d'Ulpien : « Tout ce qui « n'est pas sénateur est peuple, *plebs est ce-* « *teri cives sine senatoribus.* » (*Dig. fr.* 238, *de verb. signif.* L, XVI.) Mais elle est confirmée par le langage des historiens, des jurisconsultes, des orateurs, des poëtes. Cependant la sentence d'Ulpien n'est point erronée; il faut seulement s'entendre. Les chevaliers étaient plébéiens, s'ils ne sortaient point de maisons patriciennes ou s'ils n'ar-

cond après le sénat[1]. Il avait ses représentants à la cour, ses privilèges d'honneur et de garantie personnelle[2], à la différence de la plèbe, foule sans nom, estimée comme nombre de bouches à nourrir et comme justiciable des tribunaux de police inférieure[3], presque l'égale des esclaves, avec lesquels elle vivait confondue[4].

Les chevaliers formèrent le *populus*, d'où l'on tirait exclusivement les magistrats du premier degré, *vigintivirs*, et d'autres encore[5]. La plèbe, composée pour la plupart d'affranchis et de pauvres ingénus[6], qu'on appelait encore citoyens[7] par abus de mots et comme par dérision, n'avait pas plus de droit que de prétention à l'activité et aux garanties de la vie civile et politique. La noblesse équestre, comme la noblesse sénatoriale, tenait sa supériorité moins de sa propre valeur que de la dépression des autres classes, noblesse sans indépendance et

rivaient point au sénat; mais que de classes différentes dans le peuple, depuis les principaux d'entre les particuliers jusqu'aux humbles quirites! Selon les idées communes, quoique plébéiens, les chevaliers n'étaient point du peuple; les quatre cent mille sesterces les tiraient de la foule. (Voy. p. 48, note 2.) « Quadringinta tibi si quis « deus... Quantus ex nihilo fieres. » (Juv. *Sat.* V, 132.)

[1] Tac. *Ann.* XVI, XXVII; *Hist.* I, IV, XXXII, LXXXVIII; III, LVIII; Dio, LVI, XLII; LVIII, XIII; LIX, XI; LXIII, XX; LXXIV, V; Lamprid. *Alex.* LVII; Vopisc. *Aurel.* XII.

[2] Dio, LIV, XXVI, XXX.

[3] *Dig. fr.* 3. 4, *de præf. vigil.* I, XV. Et dans un autre passage: « Là où les esclaves « sont rendus à leurs maîtres après avoir « subi la peine du fouet, les hommes libres « de basse condition reçoivent la bastonnade. » (*Ibid. fr.* 45, *de injuriis*, XLVII, X.) « Les soldats, dans les procès criminels, ne « doivent point être soumis à la torture ni « aux peines des plébéiens. » (Cod. *l.* 8, *de quæstion.* IX, XLI. Cf. *Dig. fr.* 7, § 3, *de jurisdict.* II, I; Spart. *Sever.* II.)

[4] « La foule du peuple mêlée avec les « esclaves. » (Tac. *Hist.* I, XXXII; *Ann.* XIII, XXVII; Hor. *Sat.* I, IV, 37.) On voulut un jour distinguer les esclaves des ingénus par le vêtement; mais on y renonça après délibération; ils se seraient comptés. (Sen. *De clement.* I, XXIV.) L'empereur Pertinax était un fils d'affranchi. (J. Capitol. *Pertin.* I.)

[5] Dio, LIV, XXX.

[6] Voy. p. 58, note 3.

[7] « Tu mets à mort des citoyens, tu les « frappes de verges, *dejicere e saxo cives,* « *concidere loris.* » (Hor. *Sat.* I, VI, 39.)

sans autorité, destinée seulement à servir de support au trône, d'instrument docile à l'action du pouvoir, d'exemple d'obéissance au reste des sujets, distinguée surtout par l'exemption des charges humiliantes et des rigueurs de pénalité préventive et afflictive dont la plèbe était passible.

§ II.

TITRES HONORIFIQUES.

Autant la politique des Césars redoutait la gloire des hommes illustres[1], autant elle se plaisait à multiplier les jouissances de la vanité. A l'imitation de l'ancienne République, la liste des sénateurs se divisait par catégories, suivant l'ordre des magistratures qui les y avaient fait inscrire, ou qu'ils avaient exercées : questoriens, édiliciens, tribunitiens, prétoriens[2], et, en tête de tous les autres, les consulaires. Quoique la liste, après la réforme, fût encore étendue au nombre de six cents[3], on ne pouvait pas créer toujours des sénateurs, et les magistratures annuelles ne suffisaient pas à satisfaire toutes les convoitises ou à récompenser tous les amis en faveur. Les empereurs imaginèrent de faire des émérites sans services, des titulaires de fonctions fictives. Le sénat en avait donné le premier l'exemple en décorant le jeune Octave, qui s'armait contre Antoine, des ornements consulaires[4]. Non content de prodiguer les insignes et les honneurs du consulat et de la préture à des hommes qui

[1] Tac. *Ann.* III, LXV : *Primores civitatis, quibus claritudo sua obsequiis protegenda erat,* « les grands qui devaient couvrir leur « illustration de leur servilité. »

[2] Cela fut toujours observé sous les divers empereurs : « Inter prætorios, tribu« nitios, quæstorios adlecti. » (Orell. 798, 800, 922 ; Henz. 5494.) Un patricien (prêtre salien) est *adlectus inter tribunitios.* (Henz. 6005.)

[3] Dio, LIV, XIV.

[4] *Epit. Livii,* CXVIII ; Dio, XLVI, XLI. Appien (*Bell. civ.* III, LI) dit seulement que le jeune Octave fut égalé aux consuls en pouvoir.

n'avaient rien été de tout cela, les empereurs en firent don à quelques-uns même qui n'avaient point la capacité légale, à des affranchis, ministres de leurs plaisirs ou de leurs cruautés[1].

On rencontre chez des écrivains[2] et sur les monuments épigraphiques[3], beaucoup d'exemples moins odieux assurément et plus honnêtes, quelquefois justifiés, de ces distinctions oiseuses, comme ce Julius Mauricus, qui tenait une place éminente parmi les chevaliers, et à qui Vespasien conféra le titre de prétorien, ornement d'un loisir honorable[4].

Mais il y eut un tel abus de ces nominations, que Pertinax décida que les prétoriens par collation ne prendraient rang qu'après les véritables ex-préteurs[5].

Voilà ce que firent les Césars pour leur hiérarchie nobiliaire avec l'héritage de la République transformé; voici les créations qu'ils y ajoutèrent.

Outre le titre de *clarissime*, que nous avons déjà vu[6], on inventa deux titres nouveaux, qui tantôt vinrent s'ajouter au

[1] Tac. *Ann.* XII, LII; Plin. *Ep.* VII, XXIX.

[2] Plin. *Hist. nat.* XXXV, LVIII; Tac. *Ann.* XI, XXXVIII; XIII, X; Dio, LVIII, XIV; LX, XXIII; LXXVIII, XIII; Suet. *Cæs.* LXXVI; *Tib.* IX; *Claud.* V, XXIV, XXVIII.

[3] Orell. 750, 798, 800, 801, 902, 922, 1170, 1178, 1181, 3143, 3146, 3174, 3659, 4964; Henz. 6947; Renier, *Inscr. alg.* 1807.

[4] Plin. *Epist.* I, XIV.

[5] J. Capit. *Pertin.* VI.

[6] Page. 44. La signification particulière du mot *clarissimus* comme qualification de noblesse avait dû se déduire naturellement de son sens propre et vulgaire, et prendre cours dans l'usage du monde impérial par le désir de flatter les hommes puissants. *Claritas*, c'est la lumière, l'éclat; par une très-simple métaphore, tous les hommes placés en lumière par leur mérite furent appelés *clari*; puis les hommes élevés au-dessus des autres par la fortune et par le rang. De là : *Claritas nascendi* (Quintil. V, XI, 5); *Claritas generis* (VIII, VI, 7); *Claritas natalium* (Tac. *Hist.* I, XLIX). Plus l'inégalité des conditions se fait sentir, plus les petits s'évertuent à flatter les grands par l'emphase des expressions respectueuses; les sénateurs étaient les *clari* par excellence; mais l'adulation ne se contenta pas du terme simple : elle arriva bientôt au *clarissimus*. Voulez-vous savoir à quel point la liberté dépérit dans un État? voyez comment les hommes de classes différentes s'abordent et se saluent.

nom du dignitaire, avant le nom de son office, tantôt servirent à qualifier de simples particuliers et à les classer parmi les personnes considérables et privilégiées, au-dessous des chevaliers romains, une sorte de noblesse pour la province; c'étaient les titres de *vir perfectissimus* et de *vir egregius*, le premier supérieur au second[1].

Une loi du Code cite un règlement de Marc-Aurèle concernant les *perfectissimes*[2], et l'on voit, dans une inscription qui date d'Antonin, un *vir perfectissimus* commandant de la flotte de Misène[3]. Plus tard, un gouverneur de la province de Numidie[4], trois préfets des gardes nocturnes de Rome, dont un sous Alexandre Sévère, sont honorés de ce titre[5]. Plus on descend dans les temps de décadence, plus les exemples se multiplient[6].

Les monuments qui reproduisent le titre de *vir egregius* ne sont pas moins nombreux; il est attribué à des procurateurs de César, des gouverneurs de province, des préfets de légion, un préfet des postes dans la Gaule, et à d'autres personnages marquants à des titres divers[7]; entre autres un homme qui avait passé par les quatre grades des milices équestres et fut nommé chevalier romain[8].

[1] Deux inscriptions attestent la différence des rangs entre le *perfectissime* et l'*égrége;* l'une mentionne le rétablissement d'un aqueduc par les ordres d'un gouverneur de Numidie, *vir perf.* sous la direction d'un *vir egregius*, pontife et tuteur d'une cité municipale. (Renier, *Inscr. alg.* 109.) Même différence pour un autre gouverneur et un préfet de légion. (*Ibid.* 117.)

[2] Cod. *l.* 11, *de quæstionibus*, IX, XLI.

[3] Gervas. *Osservaz. sulla iscriz. onor. di Mavorzio Lolliano*, in-4°, 1846, p. 27.

[4] Renier, *Inscr. alg.* 103.

[5] Kellerm. *Vigil. rom. laterc. duo, append.* n° 15.

[6] Orell. 23, 467, 513, 1084, 1091; Renier, *Inscr. alg.* 108-111, 117, 1732; Gerv. *l. c.* p. 30.

[7] Orell. 1031, 2234, 2336; Renier, *Inscr. alg.* 77, 186; *Mél. épigr.* p. 214, 215. Une inscription présente cette forme, *egregiæ memoriæ viro* (Orell. 74); comme on trouve *clarissimæ memoriæ vir.* (Renier, *Mél. épigr.* Diss. XIV, p. 289.)

[8] *Ibid.* Diss. X, n° 23, p. 241. Voy. plus haut, p. 54.

Ailleurs, un duumvir municipal, qui a été honoré aussi des milices équestres, donne le jour à un fils, qui entre par adoption dans la famille d'un *égrége*, et devient chevalier romain grâce à la recommandation de cette double fortune[1]; un autre acquiert le même honneur par ses grades équestres, son père n'était qu'*égrége*[2].

On vit une innovation non moins remarquable que celle des titres mêmes, et qui signalait encore un progrès de l'oubli des mœurs anciennes et de l'invasion des idées monarchiques : ce fut l'extension aux familles des titulaires de tous les titres et honneurs qui y étaient attachés, à leurs femmes, à leurs filles, à leurs descendants de la seconde et de la troisième génération sans distinction de sexe[3]. Il semblerait que Marc-Aurèle ait été l'auteur de cette disposition, ou le premier qui lui ait donné force de loi.

Une pierre tumulaire a gardé le souvenir d'une jeune fille de condition équestre[4]. Sur une autre, un enfant de la maison des Boionius, d'où sortit l'empereur Antonin, est nommé *puer egregius*[5].

Les femmes de maison consulaire ou prétorienne se faisaient reconnaître à leurs décorations[6], et elles avaient des voitures

[1] Renier, *Mél. épigr.* Diss. X, n° 10.

[2] Renier, *l. l.* n° 12. Peut-être on demandera pourquoi j'ai dit tout à l'heure que les titres de *perfectissime* et d'*égrége* étaient inférieurs au rang de chevalier, quand on voit des procurateurs de César (*quæ equestris nobilitas est*, voyez p. 47, note 6) et même des gouverneurs de province décorés du titre d'*égrége*. Pour les chevaliers romains, ce titre ajoutait quelque chose, mais ne prédominait point; et il ne faisait point descendre l'homme que ses emplois mettaient au-dessus ou au niveau des chevaliers. Il arrivera un temps où il prévaudra. Attendons la révolution du Bas-Empire et le règne de Constantin.

[3] Voy. p. 63, note 2.

[4] *Equestris memoriæ puellæ*. (Renier, *l. c.* n° 11, p. 214 et 289.)

[5] Vignol. *De Column. Anton.* p. 323. Rome, 1705.

[6] Lamprid. *Heliog.* iv. « Si unquam aliqua consularis conjugii ornamentis esset « donata. »

qui leur étaient particulières[1]. Lorsqu'elles convolaient en secondes noces avec un époux de moindre condition, il leur fallait une autorisation spéciale de l'empereur pour conserver leur dignité[2]. Elles supportaient aussi les charges de leur état, et payaient les tributs imposés aux sénateurs sous le nom d'offrandes[3].

Ulpien a posé gravement la question de savoir si un ancien préfet doit avoir le pas sur une femme consulaire; et, tout bien pesé, tout bien examiné, il se prononce en faveur de l'ex-préfet, par la raison péremptoire de la supériorité du sexe[4].

Il serait difficile de dire précisément et en pleine connaissance quels étaient les priviléges de ces différents ordres de noblesse. Outre celui des formes d'enquête judiciaire et des espèces de pénalité que Marc-Aurèle a consacré dans son décret[5], je vois encore que, pour recevoir le témoignage des personnes *égréges* sous la foi du serment, il n'était pas permis de les déplacer; on allait recevoir le serment chez elles[6]. Elles jouissaient aussi probablement de quelques immunités quant aux charges municipales, surtout les charges qu'on appelait *sordida munera*.

Même un affranchi de sénateur, agent d'affaires de son patron, était exempt des devoirs de tutelle, non du reste[7].

[1] « Une litière couverte, comme celles « dont les femmes de sénateurs font usage. » (Dio, LVIII, xv.)

[2] *Dig. fr.* 12 *de senator.* I, IX; *Cod. l.* 1 *de dignitatib.* XII, I, rescrit d'Alexandre Sévère. Dion cite comme un trait de démence d'Héliogabale, d'avoir accordé à la mère d'un athlète les honneurs des femmes consulaires. (LXXIX, xv.)

[3] « Oblativa munera. » (Symm. *Epist.* X, L.)

[4] *Dig. fr.* 1 *de senator.*

[5] Exemption des peines et de la question, auxquelles étaient soumis les plébéiens. (*Cod. l.* 11 *de quæst.* IX, XLI.)

[6] *Dig. fr.* 15 *de jurejur.* XII, II.

[7] *Ibid. fr.* 11 *de excus. tutel.* V, LXII.

§ III.

AUGUSTALES.

Il s'établit, dans les colonies et les cités municipales, et, depuis la constitution de Caracalla, dans toutes les provinces du monde romain, une noblesse provinciale sur le modèle de Rome : d'abord, les décurions, le conseil d'administration, le sénat de chaque municipe[1], composé des propriétaires en état de supporter les honneurs très-onéreux et les autres charges des villes et des territoires qui en dépendaient; puis, entre les décurions et les plébéiens, *plebs urbana*, un ordre de création toute nouvelle, sorti de la plèbe et même de la servitude, et faisant souche de noblesse future, à savoir, les *augustales*, espèce de chevalerie des cités de province, incomparablement inférieure à la chevalerie romaine par la date de son origine et par sa condition actuelle, comme la province l'était par rapport à Rome.

Qu'étaient-ce que les *Augustales?* Deux savants ont traité cette question, et l'ont résolue contradictoirement sur quelques points particuliers, d'accord en somme sur l'état et la condition générale de l'institution[2]. Il me serait impossible de produire quelque idée neuve après les dissertations dans lesquelles les deux écrivains ont déployé tant d'érudition avec tant d'habileté. Je veux dire seulement pourquoi je ne me

[1] *Curia, curiales, decuriones.*

[2] M. Egger, Appendice II, à la suite de l'*Examen critique des historiens anciens de la vie et du règne d'Auguste*, 1 vol. in-8°, 1844; M. Zumpt, *De Augustalibus et Seviris Augustalibus commentatio epigraphica* (*Mémoires de l'Acad. de Berlin*, in-4°, 1846); M. Egger, *Nouvelles observations sur les Augustales*, extrait de la *Revue archéologique* des 15 février et 15 mars 1847. M. Henzen a fait un examen très-savant de ces écrits dans le *Zeitschr. für die Alterth. Wissensch.* 1848, n. 25-27.

range pas toujours sans réserve à l'opinion de l'un ou de l'autre.

L'an 747, Auguste restaura le culte des dieux lares publics à Rome, et renouvela la double fête compitale de printemps et d'été. Cette restauration concourait avec la nouvelle division de la ville de Rome en quartiers, *regiones*, et en rues et carrefours, *vici, compita*. Il y eut, dans chaque *vicus*, quatre directeurs, *magistri*, choisis parmi les plébéiens de la circonscription, *vicinia*. Les directeurs furent chargés de présider aux fêtes compitales de leurs arrondissements respectifs, vêtus de la prétexte[1]. Un troisième compagnon fut adjoint aux deux vieilles divinités, ce fut le génie d'Auguste. De même que la souveraineté populaire s'était incarnée en la personne de l'empereur par la puissance tribunitienne, de même le génie de l'empereur, associé aux dieux lares et les effaçant dans cette association, devint le symbole de la protection céleste du foyer romain; on les nomma collectivement les lares Augustes, *lares Augusti*[2].

Assurément il n'y avait pas besoin d'un ordre exprès du prince, ou d'un décret du sénat pour que cette religion se propageât dans l'Italie et jusque dans les provinces. Les habitudes de l'idolâtrie, l'entraînement des exemples de la capitale, l'émulation de la flatterie, suffisaient pour cela. En adorant les dieux lares de Rome confondus avec le génie du prince, père de la patrie[3], on faisait acte d'adhésion ou mieux d'identification à l'État romain, à l'Empire.

[1] Suet. *Aug.* XXX; Dio, LV, VIII.

[2] « Rome possède mille dieux lares avec « le génie du prince qui les lui a commis, « et chaque rue rend un culte aux trois di- « vinités à la fois, *et vici numina trina co- « lunt.* » (Ovid. *Fast.* V, 145.)

[3] Le génie d'Auguste se confondit avec le génie de chacun de ses successeurs, qui s'appelèrent tous *Auguste;* quelquefois on y associait des personnifications d'empereurs vivants ou de familles impériales, *Claudiales*, *Flaviales*.

Il fallait pour ce culte nouveau un nouveau ministère, un ministère issu du peuple, comme la magistrature à laquelle l'office correspondant était dévolu dans la capitale[1]. On créa un nom dans lequel la politique prédominait sur la piété; les prêtres des *lares Augusti* furent nommés *augustales;* la curie municipale les élut entre les riches plébéiens, ingénus ou affranchis, comme faisait le sénat de Rome qui nommait les *vicorum magistri,* ou du moins ratifiait leur élection[2].

M. Egger a victorieusement démontré le mal fondé de la critique de son contradicteur, qui lui reprochait comme une erreur d'avoir rattaché l'origine des *augustales* à la réforme de l'an 747. L'analogie est frappante entre les deux cultes de Rome et des provinces. L'erreur est certainement du côté du savant qui affirme qu'il n'y eut point d'*augustales* avant la mort d'Auguste, dans les municipes, et qu'on ne s'avisa de les instituer qu'à l'instar des *sodales augustales,* de la création de Tibère, en l'honneur, non-seulement d'Auguste divinisé, mais de la famille Julia[3]. Qui n'aperçoit au premier coup d'œil les nombreuses et profondes différences qui séparent les deux cultes? Différences de temps, d'objet, d'exécution. L'un date

[1] « Electi e plebe. » (Suet. *loc. cit.*)

[2] Il faut bien le remarquer; dans ce cas, à Rome, il s'agissait d'une affaire de régime essentiellement municipal, et non de gouvernement. L'élection ressortissait à la curie, c'est-à-dire au sénat. Les intendants de quartiers, *curatores regionum*, désignés par le sort entre les préteurs, les tribuns, les édiles et les questeurs, pouvaient choisir ces magistrats subalternes, mais au nom du sénat et pour le sénat, et non point de leur propre et plein pouvoir.

[3] « La même année (la seconde de Tibère) fut marquée par l'institution du « nouveau sacerdoce des Augustales, de « même qu'autrefois Titus Tatius, pour « maintenir la religion des Sabins, avait « fondé le collége des *Titii.* Vingt et un « prêtres furent désignés par le sort parmi « les citoyens les plus notables. Tibère, « Drusus, Claude et Germanicus s'y adjoignirent. » (Tac. *Ann.* I, LIV.) Cf. *Hist.* II, XCV : « Sacerdoce consacré à la *gens Julia* « par Tibère César, comme celui que Romulus avait consacré à Tatius. »

de 747[1], l'autre de 768; l'un s'adresse à des dieux de la patrie, *sacrum publicum,* l'autre à des dieux d'une famille, *gentilitium;* l'un a pour ministres des gens du peuple, l'autre les plus illustres citoyens de Rome, et, à leur tête, les neveux, le fils de l'empereur, l'empereur lui-même. Évidemment c'est M. Egger qui a raison.

Cependant, lorsque, sur la foi de deux scholiastes d'Horace[2], qui attribuent à un acte dictatorial d'Auguste la formation d'un sacerdoce augustal pour les dieux pénates à Rome, dont Suétone ni Dion Cassius ne parlent point, notre savant confrère identifie les *vicorum magistri* de ces deux historiens avec les *augustales* des scholiastes; et lorsque, pressant de plus en plus l'assimilation, il conclut que les *augustales* des municipes étaient aussi de petits magistrats urbains, de même que les petits magistrats des rues de Rome auraient été aussi des *augustales,* je ne peux le suivre jusqu'à l'extrémité de cette déduction. Laissons le cumul des fonctions civiles et religieuses, sans double titre, aux magistrats inférieurs de Rome, et ne donnons pas aux *augustales* des municipes des attributions civiles qu'aucun témoignage historique ne leur donne. Dans les honneurs recherchés ou subis par les décurions, on distingue les services administratifs et les sacerdoces, qui venaient pour chacun successivement, et non simultanément[3]; il en fut de même pour les *augustales,* et je crois que les deux scholiastes à une grande

[1] On a des preuves incontestables de l'existence des *magistri larum augustorum* dans la cité romaine et dans l'Italie avant la mort d'Auguste. (Egger, *Nouv. obs.* p. 310.)

[2] Porphyrio, *Ad Horat. serm.* II, III, 281: « Les lares, c'est-à-dire les dieux domestiques, furent placés dans les carrefours par Auguste; il nomma des prêtres « de l'ordre des affranchis, qui furent appelés *augustales.* » Acro, *ibid.* : « Auguste « avait fait placer les dieux pénates dans « les carrefours, afin qu'on leur rendît un « culte plus assidu. Les prêtres étaient des « affranchis; on les appelle *augustales.* »

[3] Voir au Code Théodosien, livre XII, titre Ier, *De Decurionibus.*

distance de temps, et peut-être insuffisamment instruits, en recherchant une assimilation de titres, sont tombés dans une confusion d'idées.

L'augustalité était un honneur, mais aussi une charge[1]. Il fallait pourvoir, ou tout au moins contribuer avec le trésor municipal, aux fêtes et aux jeux annuels des lares de l'Empire. Ce fut de tout temps une coutume romaine d'annexer aux dignités une obligation onéreuse[2], particulièrement celle d'amuser le peuple, dans les siècles de liberté, pour se concilier ses suffrages; sous l'Empire, pour plaire au maître, qui voulait absolument que le peuple fût amusé. Les municipes se conformèrent à l'usage. Quelquefois un décret de la curie, en nommant un *augustalis*, lui accordait en même temps l'immunité[3]. La curie témoignait sa reconnaissance de quelque grand service ou voulait en acheter un par cette rare exception.

M. Zumpt, dans sa préoccupation de l'identité d'origine des *sodales augustales* de Rome avec les *augustales* des provinces, ne veut voir en ces derniers qu'un collége sacerdotal semblable aux colléges des pontifes, des augures, des prêtres arvales. C'était, à vrai dire, un ordre de la cité, placé toujours invariablement entre les décurions, c'est-à-dire le sénat, et le peuple, *plebs*, *populus*[4], de même que les chevaliers à Rome.

Encore un trait de ressemblance avec les chevaliers : les augustales en exercice pour l'année étaient nommés *seviri*, ainsi que les chefs des escadrons de chevaliers honorés du cheval d'ordonnance.

[1] *Onus augustalitatis* (Orelli, 3678); *honor augustal.* (*Id.* 3213; Henzen, 5269.)

[2] Suet. *Claud.* XXIV. *Des jeux ou des vivres.*

[3] *Honor gratuitus.* (Orell. 3213, 3920-34.) M. Henzen cite l'inscription (5231) d'un homme qui fut *augustalis* à Lyon, à Narbonne, à Orange, à Fréjus, partout gratuitement.

[4] Orell. 3930-40, Henz. 5154, 5185.

Probablement les sévirs présidaient aux jeux augustaux, assis sur le double siége, *bisellium*[1]; ils devaient jouir de cette distinction dans les autres spectacles et dans les autres assemblées où ils pouvaient figurer. Peut-être aussi le corps des *augustales* avait-il ses places séparées du peuple, à l'instar de l'ordre équestre. Tout ceci n'est que conjecture.

Il est vrai que l'on rencontre, dans quelques inscriptions, le nom de collége appliqué aux *augustales,* comme on voit, chez les historiens, le collége des préteurs, des tribuns[2]; une inscription nomme bien un collége de chevaliers[3]; mais la dénomination officielle, constante, du corps des *augustales* est *ordo,* l'ordre qui vient à la suite des décurions et en tête des plébéiens[4].

De l'erreur sur la nature de l'augustalité, est résultée une seconde erreur, comme conséquence. Les *augustales* étant un collége de prêtres, selon M. Zumpt, et tout sacerdoce étant perpétuel, il en conclut que les *augustales* ne pouvaient pas être sujets à réélection, et que, toutes les fois qu'on lit sur les marbres *augustalis* II (*iterum*), *sevir* II, il y aura eu erreur du lapicide ou du copiste, ou supposition mensongère dans le titre.

Mais, avant d'accuser de fausseté les témoignages épigraphiques, il faudrait que l'identité de l'augustalité municipale

[1] On trouve le nom de *sevir* quelquefois seul, de même que celui d'*augustalis,* quelquefois joint ou ajouté à celui-ci, *sevir augustalis, sevir augustalium.* On a tiré force conjectures de ces variétés. Il me semble que les deux titres pouvaient s'appliquer à la même personne dans des circonstances différentes. Les six présidents des jeux de l'année se nommaient spécialement *seviri,* puis ils rentraient dans le corps des *augustales,* retenant par honneur le nom de la présidence après en être sortis. Il y avait aussi des sévirs municipaux, ce qui explique les expressions *sevir et sev. aug.*

[2] Voyez Forcellini, au mot *collegium.*

[3] Orell. 4078.

[4] Henz. 5154, 5185; Egger, IIe app. *Exam. crit.* p. 382-386.

avec les *sodalitia* religieux fût prouvée, et je crois que la démonstration du contraire s'est faite tout à l'heure.

Les exemples de réélections ne sont pas fréquents dans les monuments[1]; ils n'ont pas dû l'être non plus dans l'histoire. Le corps était obligé solidairement à des dépenses considérables. Il lui importait que le nombre de ses membres s'augmentât le plus possible, pour diminuer la part du fardeau incombant à chacun; et la prudence des décurions avait sans doute égard à cet intérêt dans la désignation annuelle des *augustales*, pour la dépense des jeux; et ceux qu'ils appelaient une seconde fois aux honneurs de l'augustalité faisaient sans doute des exceptions rares, mais qu'on ne doit pas regarder comme impossibles.

M. Zumpt a observé avec beaucoup de justesse que, si, parmi les noms des *augustales* mentionnés dans les inscriptions, les affranchis sont beaucoup plus nombreux que les ingénus, c'est que tous les citoyens de naissance et en même temps capables de suffire aux charges curiales étaient revendiqués par les décurions, qui s'empressaient de se les associer, tandis que l'affranchi était exclu du décurionat, et que son fils seulement avait droit d'y être agrégé, ayant acquis l'ingénuité. Aussi est-il dit expressément dans une inscription que « L. Junius, de « Pouzzoles, a été nommé, par décret des décurions, dans le « municipe de Suelis, *sevir augustalis* premier et perpétuel, « *honoré de tous les honneurs que les affranchis peuvent obtenir*[2]. » Dioclétien sanctionnait indirectement cette règle d'exclusion par le rescrit suivant : « L'usage de l'anneau d'or accordé par « la faveur du prince procure aux décorés l'image de la liberté, « mais non l'état d'ingénu[3]. »

Il n'était pas très-rare que, pour pousser aux dernières li-

[1] Orell. 3919-22. — [2] Orell. 3914. — [3] Cod. *l.* 2 *de jur. aur. annul.* VI, VIII.

mites les témoignages d'affection et d'estime, la curie municipale décernât à un affranchi, avec l'augustalité, les insignes du décurionat[1], la représentation au lieu de la réalité impossible.

Les municipes avaient imité en cela les complaisances de la métropole pour les vanités ambitieuses; ils prodiguaient les titres et décorations de dignités[2], de même qu'elle faisait des consulaires, des prétoriens, des triomphateurs, qui n'avaient jamais été ni consuls, ni préteurs, ni guerriers[3].

Cependant ces noms, ces ornements, n'étaient pas tout à fait des jouets inutiles et vides; ils avaient une valeur. Les décorés des insignes du décurionat étaient sans doute rangés, comme les décurions, mais bien au-dessous, dans la classe des honnêtes gens[4], séparée de la basse classe, des petites gens, du peuple en un mot, par certaines prérogatives[5].

Aucun texte formel, soit des codes, soit du Digeste, ne vient autoriser cette conjecture en particulier pour les *augustales*. Il n'y est pas parlé d'eux une seule fois. Croira-t-on que ni les jurisconsultes ni les empereurs, d'Auguste à Dioclétien, n'eussent jamais nommé, dans une seule de leurs sentences et de leurs lois, cet ordre qui tenait une si grande place dans le municipe, comme le prouvent une multitude d'inscriptions? Le

[1] *Ornamenta decurionalia*, Orell. 164, 3016, 3750, 3751; Henzen, 5285.

[2] *Ornamenta ædilicia* (Orell. 3986); *duumviralia* (idem, 4020); *decurionalia* (idem, 1197, 3016); *quinquennalitia* (Henz. 6956.)

[3] Voy. p. 61, 62. Cf. Tac. *Ann.* XV, LXXII. On décorait des affranchis. (*Ibid.* XII, LIII.)

[4] *Honestiores.*

[5] « Humiles personæ » (*Dig.* fr. 28, § 11 *de pœnis*, XLVIII, XIX); « liberi humilioris « conditionis » (fr. 45 *de injur.* XLVII, X); « tenuiores » (Tac. *Ann.* XVI, V). — Un pauvre plébéien, ancien ami d'un magistrat, l'ayant rencontré sur son chemin, courut pour l'embrasser. Le magistrat le fit dépouiller et fustiger par ses licteurs, sous un écriteau qui portait ces paroles : « Plé« béien, garde-toi d'embrasser un magis« trat du peuple romain. » Ce magistrat terrible était le futur empereur Septime Sévère. (Spart. *Sever.* II.)

silence du corps du droit romain, tel que les commissaires de Justinien l'ont fait, peut facilement s'expliquer. Depuis la translation de l'empire à Constantinople et le triomphe du christianisme dans l'empire, Rome cessa d'être la capitale du monde, le centre et le foyer de la patrie commune, même de l'Occident; le siége du gouvernement fut tantôt à Milan, tantôt à Ravenne. De plus, les dieux lares étaient des idoles proscrites. Les *augustales* durent tomber et disparaître avec elles. Les rédacteurs du Digeste et des codes, arrangeant les textes pour les besoins du temps, en effacèrent ces souvenirs, éliminés désormais du domaine du droit comme de la religion de l'État, et renfermés dans les monuments de l'histoire.

§ IV.

DISTINCTIONS DES CLASSES SUPÉRIEURES DANS LES PROVINCES.

Il y eut, dans la condition de tous ces nobles des provinces, de singuliers contrastes : comme sujets, on ne peut pas dire citoyens de l'empire, une liberté précaire et trop souvent rançonnée; comme membres de républiques locales, des priviléges injurieux et insolents. Leur prééminence se manifestait par l'humiliation de ce qui restait au-dessous d'eux : la hiérarchie de la servitude.

Dans une assemblée de créanciers, s'il y avait partage de voix, le juge donnait un vote prépondérant à celui qui était supérieur en dignité[1]. La valeur et la foi des témoignages, en matière civile et criminelle, se mesurait avant tout à l'état des personnes, décurions ou plébéiens, riches ou pauvres[2]. Pour l'instruction criminelle, le juge interrogeait le décurion, il

[1] *Dig.* fr. 8 *de pactis,* II, XIV. — [2] *Ibid.* fr. 3 *de testibus,* XXII, V.

mettait à la torture l'homme qui ne possédait rien [1]. L'homme qui n'avait pas cinquante *aurei* de bien n'était pas habile à intenter une accusation [2]. Le magistrat ne devait pas permettre à un plébéien d'accuser un homme en dignité de dol et de fraude; mais il fallait adoucir les termes dans l'information et convertir la procédure en question de bonne foi [3].

La différence était bien autrement frappante dans la poursuite des crimes et délits et dans l'application des peines. Là où le décurion encourait la déportation, encore rarement [4], plutôt la simple relégation [5] ou l'exclusion de la curie [6], le plébéien était condamné aux travaux forcés à perpétuité [7], à la mort sur la croix [8], ou par le feu [9], ou dans l'arène par la dent des bêtes féroces [10].

On ne mettait point à mort les décurions sans consulter l'empereur [11]. Le gouverneur de province qui leur infligeait des traitements cruels commettait un attentat punissable [12]. Les plébéiens étaient exécutés sans merci ni remise.

Enfin, s'il arrivait qu'un mari, surprenant sa femme en adultère, la tuât dans l'emportement de la vengeance, de rang obscur, il subissait un exil perpétuel; pour peu qu'il jouît de quelque distinction, il en était quitte pour une relégation temporaire [13].

[1] *Dig.* fr. 14 *de decurion.* L, II, fr. 7, § 3 *de jurisd.* II, I : « in servos et in eos « qui inopia laborant, corpus torquendum « est. » (Cf. fr. 21, § 2 *de testib.*)

[2] *Dig.* fr. 10 *de accusation.* XLVIII, II. L'*aureus* pesait entre 7 et 8 grammes.

[3] *Dig.* fr. 11 *de dolo malo,* IV, III.

[4] *Dig* fr. 3, § 5, *de sicar.* XLVIII, VIII; fr. 38, § 2, *de pœnis,* XLVIII, XIX.

[5] *Ibid.* fr. 1, § 5 *de sicar.* fr. 1 *de abigeis,* XLVII, XIV.

[6] *Dig.* fr. 1 *de abigeis;* fr. 1, § 1 *de effractor.* XLVII, XVIII.

[7] *Ibid.* fr. 6 *de extraord.* XLVII, XI.

[8] *Ibid.* fr. 38, § 2 *de pœnis.*

[9] *Ibid.* fr. 28, § 11.

[10] *Ibid.* fr. 38, § 2; fr. 3 *de sicar.*

[11] *Ibid.* fr. 16 *de sicar.*

[12] *Cod.* l. 4 *de decurion.* X, XXXI.

[13] « Humiliore loco positum in exsilium « perpetuum... in aliqua dignitate positum « ad tempus relegari. » (*Id.* fr. 1, § 5 *de sicar.*)

La population des provinces fut ainsi partagée en deux classes : 1° les gens de condition, *honestiores,* dont on prenait les biens et la liberté pour les services publics, en épargnant leur vie dans la poursuite des crimes, et leur personne dans les formes de l'enquête; 2° ceux qui, n'ayant pas de biens pour répondre de leurs actes, ni la capacité de porter les charges civiles au profit de l'empire, *tenuiores, plebs,* pouvaient être mis à la torture, condamnés aux mines, livrés aux bêtes ou à tout autre supplice.

L'inégalité des fortunes et des conditions s'était fait durement sentir de tout temps dans la République par les vexations des grands, par les sévices des magistrats à l'égard des gens du peuple, même à Rome. Mais ce qui avait été excès de violence, oppression révoltante du faible, devint l'état normal et la légalité consacrée par les oracles de la jurisprudence et les lois des meilleurs princes.

TROISIÈME PARTIE.

DEPUIS CONSTANTIN JUSQU'À LA FIN DE L'EMPIRE D'OCCIDENT.

---

§ Ier.

NOUVEAUX TITRES HONORIFIQUES.

Après Dioclétien, le christianisme n'eut pas la vertu d'abolir cette grande iniquité sociale, et, tandis que le sort du peuple allait toujours se déprimant, les habitudes de la cour de Constantinople, qui lui furent communes avec la cour d'Occident, enrichirent le protocole impérial de grades multipliés et de titres pompeux. Auguste avait refusé les honneurs divins à Rome, en laissant faire dans les provinces [1]. Tibère avait repoussé la flatterie qui vénérait ses occupations sacrées; il voulait qu'on les dît seulement laborieuses [2]. Dioclétien fut le premier qui se fit appeler dieu et adorer comme tel [3]. L'emphase orientale commençait à dominer. Mais ce fut sous les empereurs chrétiens que la chancellerie palatine poussa aux dernières hyperboles le paganisme du langage et la déification du prince. Tout ce qui venait de lui, tout ce qui touchait à sa personne ou à son service, n'avait pas d'autre qualification que celles de divin et de sacré. Le ministère des finances était l'office des largesses sacrées [4]; les chambellans, les gardiens de la chambre sacrée [5]; les ordonnances impériales, des oracles célestes, des volontés divines [6]; les faveurs accordées par le prince, des bienfaits de la céleste bonté [7]. Usurper un titre ou un rang qu'on n'avait pas équivalait à un sacrilége, la hiérarchie ayant été réglée par les empereurs [8]. On les appelait : Votre Divinité, Votre Éternité; on ne les abordait qu'en les adorant [9].

[1] Il y avait eu des exemples de ces apothéoses anticipées, mais sans que cela tirât à conséquence : « Imp. Cæs. Trajano Ha- « driano Aug. Jovi Olympio conditori col. » (Henzen, 5453.)

[2] Suet. *Tib.* XXVII.

[3] Aur. Vict. *Dioclet.*

[4] « Comes sacrarum largitionum. » Le domaine de la couronne, « sacrum patri- « monium. » (Orell. 3161.) Un comptable pour les travaux des bâtiments, « rationa- « lis operum sacrorum. » (*Ibid.* 3158.)

[5] « Præpositi sacri cubiculi. » Des officiers sortant du palais sont dits « de nu- « minis nostri sacrario prodeuntes. » (*C. Th.* l. 11 *de pœnis*, IX, XL.)

[6] *C. Th.* l. 1 *de senator.* VI, II. Cf. l. 17 *de hæretic.* XVI, V.

[7] Dans un seul article de loi : « Divinis « impetratis apicibus... sacri ministerii... « divino beneficio... cœlitus impetrare. » (L. 2 *de castrens. pal.* X, XXXII. Cf. l. 23 *de palat. sac. larg.* VI, XXX; l. 16 *de murileg.* X, XX.)

[8] Dans ce cas, il n'est pas permis de prétexter ignorance, on est « plane sacrilegii « reus, » pour infraction aux « divina præ- « cepta. » (*Cod.* l. 1 *ut dignit. ord. serv.* XII, VIII. Gratien, Valentinien et Théodose.)

[9] Ils accordaient audience en ces termes : « Sive Nostræ Serenitatis adoraturi « imperium. » (*C. Th.* l. unic. *de præp. sac.*

Il fallait bien inventer, pour les premiers d'entre les sujets et pour les agents supérieurs du pouvoir, des titres dont l'éclat répondît à la majesté du maître. Les dénominations d'*illustre* et de *respectable, spectabilis,* devinrent des signes d'honneur et des désignations de rang et d'état dans le monde officiel, principalement sous les successeurs de Constantin. Ce prince fut plus simple et s'en tint à la nomenclature qu'il avait trouvée toute formée. On ne voit, dans ses actes, conservés au code Théodosien et au code Justinien, d'autres titres que ceux de *clarissime,* de *perfectissime* et d'*égrége.* La hiérarchie honorifique du Bas-Empire ne se constitua pas tout d'abord par un décret organique. Elle s'établit successivement par l'usage, subit quelques variations, et ce n'est que vers la fin du IVe siècle et dans le ve qu'elle fut définitivement réglée.

Le *clarissimat* demeura longtemps l'attribut général et unique des plus hauts dignitaires, comme des sénateurs et des personnes qui avaient rang de sénateur, soit par leurs fonctions actuelles, soit par l'éméritat. De simples gouverneurs de province étaient clarissimes sous Constantin[1], ainsi que sous les règnes antérieurs[2]; et Constance, presque un demi-siècle plus tard, et Valentinien l'Ancien, après lui, appelaient seulement clarissimes les préfets du prétoire[3], les grands maîtres des offices palatins[4], les ministres des finances[5].

Les noms de sénat et de noblesse, nous l'avons déjà observé

cubic. VI, VIII.) Cf. *Novell. Theod.* XLI, III, *de tiron.* : « En venant faire sa cour au « prince (*in adoratione*), on lui payera le « prix de trois recrues. »

[1] « Juliano V. C. præsidi Tarraconensi. » (*C. Th.* l. 1 *de tempor. curs.* II, VI.)

[2] « Præses prov. vir clarissimus. » *Cod.* l. 21 *ut lite pend.* I, XXI (Alexandre Sévère). « Correctorem vir. clarissim. » *Ibid.* l. 4 *de jur. et fact. ignor.* I, XVIII. (Dioclétien.)

[3] *C. Th.* l. 4 *de div. offic.* VIII, VII, 354; l. 7 *de extraord.* XI, XVI, 357; l. 15 *de prætor.* VI, IV, 359; l. 1 *de pascuis,* VII, VII, 365.

[4] *Ibid.* l. 8 *de curs. pub.* VIII, V, 357.

[5] *Ibid.* l. 7 *de extraord.* XI, XVI, 357.

dans la période précédente, étaient des termes synonymes. Cette synonymie se maintint dans les temps postérieurs [1], et, quand on eut ajouté à la liste du cérémonial une nomenclature nouvelle et de nouvelles classes, le titre de *clarissime*, propre aux sénateurs, resta la marque nobiliaire fondamentale; les autres titres ne furent que des insignes attachés à des emplois supérieurs, surtout dans le style de l'histoire et des monuments.

Des inscriptions peu nombreuses portent uniquement la qualité de *vir illustris* [2]; d'autres, en plus grand nombre, *vir clarissimus et illustris* [3]. C'est comme si on voulait dire : « Très-« noble homme pourvu d'une des premières dignités de l'em-« pire. » Il en fut de même pour le second ordre : *Vir clarissimus et spectabilis* [4]. Mais sur les marbres consacrés à la mémoire des personnages les plus éminents, préfets de la ville, préfets du prétoire, consuls même, on ne trouve presque toujours que le qualificatif de *clarissime* [5]. Sidoine Apollinaire définit très-bien les deux caractères : *clarissime* par la naissance, *respectable* par nomination [6].

On voit poindre la qualité d'*illustre* dans une loi de Constance, de l'an 354 [7], quoique Godefroi affirme que la première apparition des *illustres* date seulement du règne de Valenti-

[1] « Constance harangue la *noblesse* dans « la curie, et le peuple du haut d'un tri-« bunal. » (Amm. Marcell. XVI, XI, p. 130.) « Lorsqu'on lut cette lettre dans le sénat, « la *noblesse* éclata en témoignages d'affec-« tion. » (Le même, XXI, XI, p. 277. Cf. *ibid.* 12, p. 282.)

[2] *Fl. Ricimer* V. I. *mag. utr. milit.* Orell. 1152. Cf. 1143.

[3] Orell. 2, 1147, 1154.

[4] Symm. *Epist.* X, 43, 46.

[5] Orell. 1081, 1101, 1129, 1134, 3160, 3166, 3184, 3185, préf. de la ville. — 1130, 1152, 2354, préf. du prét. — 1160, 3171, consul.

[6] « Flavius Nicetius, vir ortu clarissi-« mus, privilegio spectabilis. » (*Epist.* VIII, 6.) Cf. *ibid.* I, 4 : « V. C. Projectus, domi « nobilis, et patre patruoque spectabili-« bus. »

[7] *C. Th.* l. 6 *de annon.* XI, 1.

nien l'Ancien, sans preuve directe et positive[1]. C'est en effet Valentinien qui a commencé à donner force de loi au cérémonial de la cour, et qui déposa, dans un décret de l'an 372, les premiers éléments de la *Notice*, espèce d'almanach impérial. Mais, dans les quatre articles cités par le savant commentateur, le nom d'*illustre* n'est point écrit une seule fois. Il ne s'y agit que de déterminer les rangs des principaux fonctionnaires entre eux[2], lesquels ne sont décorés que du titre de *clarissimes* dans des actes de l'an 357 et même de l'an 365[3]. L'époque de première formation se trouve renfermée entre le règne de Constance et celui de Gratien; il y aura eu, dans ces vingt-cinq années, une sorte de fluctuation et d'incertitude comme pour les choses qui commencent par l'usage. On aura joint d'abord quelquefois au titre officiel de *clarissime* l'épithète d'*illustre*, mais comme simple épithète et pour rehausser l'éclat du premier, comme dans la loi de Constance (354) et dans celle de Gratien[4] (380), et en même temps on pouvait s'en tenir et souvent l'on s'en tenait au premier seulement, ainsi qu'on l'a vu dans les lois citées tout à l'heure[5]. Mais, une fois

[1] Goth. *ad. C. Th.* l. 15 *de prætor.* VI, IV; l. 1 *de præf. præt.* VI, VII.

[2] Godefroi retrouve le décret fragmenté dans le *Code Théodosien*, l. 1 *de præf. prætor.* VI, VII; l. 1 *de quæst.* VI, IX; l. 1 *de comit. rei mil.* VI, XIV; *l. unic. de mag. scr.* VI, XI; l. 4 *de honor. codic.* VI, XXII. Ce décret déclarait, 1° les préfets de la ville, les préfets du prétoire, les maîtres généraux des milices, égaux entre eux, supérieurs aux autres dignitaires; 2° le questeur ou secrétaire impérial, le maître général des offices palatins, le comte des largesses sacrées, le comte du domaine privé, supérieurs aux proconsuls; 3° les chefs de division de la chancellerie impériale, *magistri scriniorum*, supérieurs aux vice-préfets du prétoire, *vicarii*.

[3] *C. Th.* l. 7 *de extraor.* XI, XVI. On rencontre dans une inscription (Henzen, 5171) un des essais de la qualification d'illustre, avant qu'elle fût officiellement déclarée et réglée. Un simple gouverneur du Samnium, qui ne s'éleva pas plus haut, est nommé *vir illustris* deux fois. Ce sont les gens de Venafre, ses bons administrés, qui lui donnent de l'*altesse*.

[4] *C. Th.* l. 12, *de extraord.*

[5] Note 2.

que les rangs furent marqués d'une manière plus précise et plus rigoureuse, on crut reconnaître la nécessité de faire des catégories et de les multiplier, et, en les multipliant, d'assigner à chacune son titre propre. Dans le même temps et par les mêmes raisons, celui de *spectabilis* fut adopté comme intermédiaire entre l'*illustre* et le *clarissime.* Le principe était posé et la distinction fixée l'an 378 [1].

Dès que les classes furent établies, les prétentions s'élevèrent à l'envi; chacun s'efforça de monter dans la classe supérieure. Le préfet de l'annone, perfectissime sous Constantin [2], est clarissime sous Théodose [3]. On appelait *clarissime* le grand maître des offices palatins en 357 [4]; il était devenu *spectabilis* en 378 [5], selon qu'il paraît avoir été classé par Valentinien l'Ancien dans le second groupe des hauts dignitaires, avec le questeur impérial, les comtes des largesses sacrées et du domaine privé [6]. Mais cette seconde phalange des officiers de la couronne ne tarda pas à prendre rang d'*illustre.* Une promotion ordonnée par Honorius et Théodose le Jeune y porta encore les eunuques grands chambellans de l'empereur et de l'impératrice [7]. Les commandants militaires inférieurs aux maîtres généraux des milices ne dépassèrent point le grade de *spectabilis;* c'étaient, 1° les comtes, chefs de la force armée de toute une province, des généraux de division; 2° les ducs, à la tête d'une garnison dans une place de guerre ou sur une frontière. Les ducs avaient été *perfectissimes* jusqu'au règne de Constance; ils devinrent *clarissimes* sous ce même règne, du temps

[1] *C. Th.* l. 2, *ut dignit. ord. serv.* VI, v.

[2] Orell. 1084.

[3] Henz. 5592.

[4] *C. Th.* l. VIII, *de curs. pub.* 8, 5.

[5] *Ibid.* l. 35.

[6] *Ibid.* l. 1 *de quæst.* VI, ix. Cf. l. 1 *de præf. præt.* VI, vii.

[7] *Cod.* l. 1 *de præpos. sac. cubic.* XII, v. *C. Th.* VI, viii.

d'Ammien Marcellin, qui raconte leur élévation récente[1]. Ils arrivèrent plus tard au degré supérieur[2].

Il serait trop difficile et superflu, d'ailleurs, de suivre en tous leurs détails ces mutations successives dans la hiérarchie des emplois civils et militaires. Il faut la prendre telle qu'elle se présente dans la double *Notice* des empires d'Orient et d'Occident, sinon tout à fait immobilisée pour nous, du moins arrêtée définitivement dans ses principales divisions. Nous y ajouterons les compléments que nous aurons pu tirer d'ailleurs.

§ II.

TABLEAU HIÉRARCHIQUE DES CLASSES ET TITRES DE NOBLESSE.

Et d'abord il y aurait, ce nous semble, une omission importante dans notre tableau de la noblesse à cette époque, si nous ne placions au premier rang les *Césars nobilissimes* ou *nobilissimes Césars*, c'est-à-dire les héritiers présomptifs de la couronne, dès le temps des deux Maximin (235-238)[3], et après eux. Ce titre fut étendu aux membres de la famille impériale au temps de Gallien[4], et principalement sous les règnes de Dioclétien, de Galérius, de Constantin et de Constance[5]. Ju-

[1] XXI, XVI, p. 289.

[2] *Notit. dignit. Cod. Theod.* éd. Godefroi. C'est ainsi qu'un vice-préfet du prétoire des Espagnes, en 365, est encore clarissime. (*C. Th.* l. 5, *de cust. reor.* IX, III); et, dans les lois postérieures à 380, tous les vice-préfets sont *spectabiles*. (*C. Th.* L. un. *de offic. vicar.* I, v; l. 61 *de appell.* XI, XXX; l. 6 *de decur. urb. Romæ*, XIV, I.)

[3] Orell. 965; Henz. 5220, 5228, 5335, 5424-25-26, 5534, 5538, 5546; Renier, *Inscr. alg.* 116, 4040.

[4] Voy. les inscriptions et les médailles citées par M. Deville, dans son « Essai sur « les médailles de la famille de Gallien, » *Revue de numismatique*, nouv. série, t. VI, 1861. Orell. 3657; Henzen, 5546, 5556.

[5] Zosim. II, XXXIX; Eckel, *Doct. numm.* t. VIII, p. 29, 35, 51, 55, 72, 100; Orell. 107, Henzen, 5328, 5335-36-38-40, 5556, 5573, 5574.

lien fut, je crois, le dernier César nobilissime[1]. A l'exemple de Valentinien l'Ancien, tous les empereurs, après lui, associèrent immédiatement leurs fils, même en bas âge, à la puissance souveraine, et les nommèrent augustes[2].

Les grandeurs patriciennes étaient depuis longtemps effacées de la mémoire des hommes, lorsque Constantin ressuscita le nom de patrice, avec une splendeur et une signification toutes nouvelles. D'abord le patrice qu'il créa était unique et à vie, supérieur par le rang aux préfets du prétoire, ne cédant le pas qu'aux consuls seulement. L'empereur l'appelait du nom de père[3]. C'était un dignitaire sans fonctions, mais apte à exercer tous les commandements, tous les pouvoirs[4]. Constantin eut son dessein en faisant cette création. La préfecture du prétoire, quoique d'une durée limitée à la volonté impériale, et affaiblie par Dioclétien, qui l'avait morcelée en quatre départements, n'était pas sans faire toujours quelque ombrage aux empereurs. Constantin fut bien aise de l'abaisser encore par la prééminence d'une autre dignité viagère et pouvant s'armer contre elle au premier ordre.

Tillemont observe qu'il ne se fit guère de patrices jusqu'à la fin du IVe siècle. Mais, dans le Ve et les suivants, les nominations furent plus fréquentes, quoique toujours en très-petit nombre[5]. Les patrices finirent par devenir ce qu'avaient été les préfets du prétoire, des ministres dirigeants, des généraux

[1] Orell. 1103.

[2] Tillem. *Histoire des Emp.* V, p. 36; Orell. 1117, Gratien; *id.* 68, Valentinien II; *id.* 1127, 1128, Arcadius et Honorius.

[3] Zozim. II, IV, XL; Cassiod. *Var.* VI, II; Claudian. *In Eutrop.* II, *prol.* 50.

[4] Ælius Constance fut maître général des deux milices (infanterie et cavalerie) et patrice. (Orell. 1141.) Ricimer, de même. (*Id.* 1152.) Narsès, ancien chambellan, était patrice quand il arracha l'Italie aux Ostrogoths, 1162. (Voy. Godef. *Comm. du Cod. Theod.* au titre *de consul. præf. præt.* livre VI.)

[5] Tillem. *Hist. des Emp.* IV, p. 285.

d'armée, serviteurs redoutables au maître, faisant et défaisant les empereurs. Zénon sembla les relever encore par le décret qui exigeait que, pour arriver à cet honneur suprême, on eût passé par le consulat ou par les autres grandes magistratures[1].

Les patrices furent ainsi les premiers entre les *illustres*, après les consuls cependant, parce que ceux-ci pouvaient avoir pour collègue le souverain. Telle est la raison qu'en donne le roi Théodoric par la plume de Cassiodore[2].

Ici commence l'énumération des illustres dans la *Notice*, savoir : les quatre préfets du prétoire (Orient, Illyrie, Italie, Gaules) ; quatre maîtres généraux des milices, cavalerie et infanterie, en Orient[3]; deux de cavalerie, un d'infanterie en Occident[4]; un grand chambellan, un grand maître des offices palatins, un secrétaire orateur impérial[5], un comte des largesses sacrées, un comte du domaine de la couronne[6], deux comtes de la maison militaire, infanterie et cavalerie, pour chacun des deux empires.

Ensuite viennent les *spectabiles*, savoir :

Le premier des chambellans ordinaires[7];

Le premier des secrétaires de chancellerie[8];

[1] *Cod.* l. 3 *de Consul.* XII, III.

[2] *Variar.* VI, II.

[3] Un de service auprès du prince, *præsentalis;* les autres dans les diocèses (districts de plusieurs provinces, sous-préfectures du prétoire) d'Orient, de Thrace, d'Illyrie.

[4] Un d'infanterie et de cavalerie auprès du prince ; le troisième dans les Gaules.

[5] *Quæstor,* celui qui écrit et qui parle pour le prince.

[6] Il ne faut pas confondre cette charge, *comes rer. privatarum* avec le *comes sacri patrimonii,* créé par Anastase, après 490, inférieur au premier, et n'ayant que l'administration des biens personnels du prince. (Böcking, *ad notit. Occid.* p. 375 sqq.)

[7] *Primicerius sacri cubiculi.* Peut-être le nom de chambellan éveille-t-il, dans nos habitudes modernes, l'idée d'un service moins domestique et moins intime que n'était celui des *cubicularii.* Il y avait à côté d'eux des *magistri admissionum* et des *admissionales,* qui se rapprocheraient davantage des chambellans.

[8] *Primicerius notariorum.*

Le maréchal du palais[1];

Les chefs des quatre divisions de la chancellerie[2];

Les gouverneurs des grandes provinces ayant depuis les temps anciens le titre de proconsul[3];

Les chefs de diocèses ou gouverneurs de plusieurs provinces;

Les comtes et ducs[4], commandants militaires.

A la tête des *clarissimes* étaient les sénateurs de Rome et de Constantinople[5], qui ne pouvaient pas figurer dans la *Notice*, puisqu'elle ne contient que la liste des fonctionnaires.

Elle range dans cet ordre, du moins pour l'Orient, tous les gouverneurs de provinces dont les titres diffèrent, ainsi que les rangs : consulaires, correcteurs, présidents[6].

Il est à remarquer qu'en Occident, tous les présidents de provinces ne sont que *perfectissimes*, et c'est la seule fois qu'il soit fait mention de ce titre dans la *Notice*[7].

[1] *Castrensis palatii.*

[2] *Magistri scriniorum.* Ces *scrinia*, boîtes à ranger et garder les papiers, nous dirions portefeuilles, étaient ceux de l'expédition et de la conservation des actes de l'autorité, *memoriæ;* de la correspondance, *epistolarum;* des requêtes, *libellorum;* de la correspondance en langue grecque, *epistol. græcar.* Avant la rédaction de la *Notice*, il y eut une division de chancellerie qui s'appela *dispositionum* (*Cod. Theod.* l. 1, 14 *de Proximis*, VI, XXVI, ann. 362, 407), pour l'expédition des ordres d'administration. Mais elle fut abaissée à l'état de section inférieure sous un comte de second ordre. (*Ibid.* l. 18, 426.)

[3] En Orient, ceux de l'Asie et de la Grèce; en Occident, celui d'Afrique.

[4] Il faut se défier de la préoccupation de nos idées modernes pour la hiérarchie des titres. Les ducs étaient inférieurs aux comtes. L'ordre a été renversé dans le moyen âge par la prépondérance des ducs des Marches. Dans Grégoire de Tours, les ducs sont généraux d'armée.

[5] Voyez au titre II du livre VI, *Cod. Theod.* leurs honneurs et surtout leurs charges.

[6] C'était un ancien usage; sous Dioclétien, *apud correctorem vir. clariss. Cod.* l. 4 *de jur. et fact. ign.* I, XVIII; sous Alexandre Sévère, *præses prov. vir. clariss.* (*Ibid.* l. 1 *Ut lite pend.* I, XXI.)

[7] Ch. XLV, XLVI. M. Böcking assure que cette qualification ne mettait pas les présidents au-dessous des correcteurs, puisqu'on voit, dans beaucoup d'inscriptions, des présidents titulaires du *clarissimat.* Ce raisonnement ne semble pas péremptoire. On voit aussi un préfet des gardes noc-

Il serait moins facile de justifier et d'expliquer cette singularité, que de trouver des exemples analogues dans les monuments historiques [1].

On était assez dans l'usage, sous le règne de Constantin, comme au temps de ses prédécesseurs, de donner le titre de *perfectissime* à des gouverneurs de provinces même importantes, présidents [2] ou autres [3]. Il en fut encore ainsi sous son fils Constance [4]. Beaucoup de personnages de rangs et d'états différents portèrent ce même titre : un commandant militaire de diocèse [5], des employés de finance [6], un avocat du fisc [7], un aspirant au grade de docteur médecin de la ville de Rome [8]. Constantin dit, dans une loi de 317, que ce titre est la récompense de services considérables [9]. Mais il devint moins honorable à mesure que les promotions des magistratures et des offices au clarissimat se multiplièrent. On en voit encore un exemple dans un correcteur d'Apulie et de Calabre sous le règne de Théodose [10]; mais c'est, je crois, un des derniers.

Un édit de l'an 412 énumère toutes les classes de la société dans l'ordre suivant [11]:

Illustres,

Spectabiles,

turnes *vir clariss.* sous Constantin (Orell. 1088), et un autre, *vir perfectiss.* sous Valentinien Ier. (*Ibid.* 1114.) Dans le même emploi, les personnes étaient inégales, mais ici on ne peut pas dire que le *præses* marchât l'égal du *corrector,* encore moins du *consularis* (voyez la *Notitia dignitatum* de Godefroi, à la fin du sixième volume du *Code Théodosien,* à l'art. *de præsidib. in genere*); et la qualité de *perfectissime* ne le relevait pas.

[1] Orell. 1037, 1059; Henzen, 6905.

[2] *Cod. Theod.* l. 2 *de censu,* XIII, x.

[3] Eumen. *de schol. inst. cap.* I; Lact. *Inst. div.* V, XIV; *Cod.* l. 1 *de natural. liber.* V, XXVII.

[4] *Cod. Theod.* l. 4 *de pœn.* IX, XL; *Bullet. arch. de Naples,* 1853, n° 34, p. 80.

[5] *Cod. Theod.* l. 1 *fin. regund.* II, XXVI.

[6] *Ibid.* l. 1 *de bon. vac.* X, VIII; Orell. 1090. Cf. Symm. *Epist.* X, LXII.

[7] Orell. 4124.

[8] Symm. *Epist.* X, XLVII.

[9] *Amplissimarum administrationum.* (*Cod. Theod.* l. 5 *de decur.* XII, v.)

[10] Orell. 1126.

[11] *Cod. Theod.* l. 52 *de Hæretic.* XVI, v.

Senatores[1],
Clarissimi[2],
Sacerdotales[3],
Principales[4].
Mercatores,
Plebeii.

On voit qu'il n'est plus question des *perfectissimes* ni des *égréges*, qui se montraient sous Constantin et longtemps encore après lui, et dont il réglait l'état, en ne leur permettant pas de compromettre leur dignité par des mésalliances[5]. Leurs rangs respectifs sont marqués en plusieurs endroits, le *perfectissime* le premier, l'*égrége* le quatrième et dernier d'une catégorie de noblesse inférieure, qui servait de récompense aux employés de l'administration provinciale[6].

Constantin avait encore ordonné, en déterminant les ressorts de justice des différentes classes d'habitants à Rome, pour certains actes d'état civil, que les sénateurs se pourvoiraient devant le préfet de la ville, les *perfectissimes* devant le vice-préfet du

[1] Les sénateurs de Rome et de Constantinople. (Voy. p. 85.)

[2] Ceux qui, sans être sénateurs, avaient acquis ce titre par leurs fonctions.

[3] Les citoyens des municipes qui avaient à leur tour exercé le sacerdoce, et de cette manière atteint le faîte des honneurs municipaux et comblé la mesure des dépenses qui s'ensuivaient pour fêtes et jeux publics. (*Cod. Theod.* XVI, x, *Paratitl. Cod.* l. 1 *de naturalib. lib.* V, XXVII.)

[4] Les personnages éminents dans les sénats des villes, et qui avaient parcouru les degrés des fonctions publiques de la cité, ordinairement au nombre de dix, *decemprimi, decaproti*, plus ou moins selon le nombre des riches et des notables, étaient appelés *principales*. (*Cod. Theod.* XII, I, *de decur.* p. 357.)

[5] *Cod.* l. 1 *de natural. lib.* V, XXVII; l. un. *de perfectiss. dignit.* VI, XXXVII.

[6] « La dignité de perfectissime, de ducénaire, de centenier, d'égrége... » (*Cod. Theod.* l. 3 *de cohortalib.* VIII, IV. Cf. l. 1 *de Cæsarian.* X, VII; l. 1 *de murileg.* X, XX; l. 5 *de decur.* XII, I.) Les grades de *ducenarii* et de *centenarii*, dans les corps palatins en particulier, étaient une imitation des grades légionnaires dans l'organisation administrative, selon la coutume des Romains, et en même temps les noms indiquaient des quotités relatives de traitements.

prétoire, les chevaliers devant le préfet du guet ou des gardes nocturnes[1].

Cet acte nous avertit que les chevaliers existaient encore; il nous montre aussi à quel point ils étaient déchus. Hors des limites de la ville, il n'y avait plus de chevaliers romains dans le monde. C'était le préfet du prétoire qui les nommait, et non plus l'empereur[2]. Ils avaient figuré, encore sous Alexandre Sévère[3] et sous Aurélien[4], dans les cérémonies publiques. A présent plus de revue annuelle, plus de cheval d'ordonnance; même le simulacre de l'ancienne condition militaire avait péri. Valentinien Ier sembla vouloir les relever un peu. Son décret les confirma dans le second rang après le sénat[5]. Mais, depuis le départ des empereurs, le sénat n'était plus que le conseil municipal de Rome et des faubourgs. Le conseil de gouvernement avait passé ailleurs, dans le palais impérial, *sacrum consistorium*. Valentinien accorda aux chevaliers quelques priviléges, ceux de la dernière classe de la noblesse, des *égréges*, savoir : l'exemption de la torture et de la surveillance des convois pour les contributions[6]. Son fils, à l'exemple de Constantin et de Julien, conférait l'ordre équestre aux membres émérites de la compagnie des armateurs chargés du transport des blés d'Afrique à Rome[7].

La loi de Valentinien a passé dans le code Justinien, moins l'article des privilégès[8]. Celle du *perfectissimat* y a été enregis-

[1] *Cod. Theod.* l. un. *de his qui ven. œtat.* II, XVII. Les *perfectissimes* pouvaient habiter Rome sans en être citoyens; voilà pourquoi on les renvoie au magistrat qui représente l'administration générale et le gouvernement à Rome, et non à l'autorité urbaine. Le préfet de la ville était le premier magistrat municipal de Rome et de sa banlieue, *suburbicariæ regiones*.

[2] *Cod. Theod.* l. un. *de equestri dignit.* VI, XXXVI.

[3] Lamp. *Alex.* LVII.

[4] Vopisc. *Aurel.* XII.

[5] L. un. *de eq. dign.* 364.

[6] *Cod. Theod. l. l.*

[7] *Cod. Theod.* l. 16 *de navicul.* XIII, V.

[8] *Cod.* l. un. *de eq. dign.* XII, XXXII.

trée aussi, mais sans diminution ni retranchements, parce qu'elle posait des cas d'exception, notamment contre les *curiales*, qui auraient tenté de se dérober par là aux charges de leur état [1].

§ III.

PRIVILÉGES DES DIFFÉRENTES CLASSES DE NOBLESSE.

Outre les futiles jouissances d'amour-propre attachées aux titres, ils procuraient certains avantages réels qui n'étaient pas à dédaigner. Et, à ne considérer que le cérémonial seulement, ce n'était pas une faveur médiocrement utile que d'avoir droit d'être admis à son tour aux audiences du prince, à ses réceptions de cour, à ses heures de repas [2], et d'avoir ses entrées libres chez les gouverneurs de provinces [3], pour demander justice ou solliciter des grâces, sans acheter la protection d'un huissier ou d'un serviteur de la maison. Salvien [4] nous apprendra de quel prix un tel privilége pouvait être. « Les églises, dit-il, les « temples et les autels du Seigneur semblent moins imposants « que la demeure du moindre juge municipal. Franchir la porte, « non pas seulement des puissances *illustres*, mais des présidents « et des prévôts [5], n'est pas permis à tout le monde, si ce n'est « aux gens mandés pour affaires ou aux personnes que leur rang « et leurs dignités y autorisent. Autrement, si quelque téméraire « a l'insolence d'entrer, on le bat, on le jette dehors, on lui inflige un châtiment ignominieux et dégradant. »

Nous venons de considérer le moindre privilége des hommes

[1] *Cod.* XII, tit. XXXIII, *de perf. dign.*

[2] *Cod. Theod.* l. un. *de præpos. sac. cub.* VI, VIII; l. *un. de comit. et trib. schol.* VI, XIII.

[3] Godef. *ad C. Th.* l. 1 *de off. rect. prov.* I, VII, p. 45; l. 3 *de assess. et canc. jud.* I, XII.

[4] *De gub. Dei*, III, IX.

[5] « Præpositi administrationum vel officiorum. »

titrés; ils en avaient d'autres, de plus grande conséquence, pour le ressort de justice et pour les immunités de charges civiles.

Dans les causes criminelles, comme en autre matière[1], les sénateurs n'ont point d'autre juge que le préfet de la ville, s'ils habitent Rome ou les provinces suburbaines; le préfet du prétoire, s'ils résident en province. Le magistrat du lieu commence seulement l'information[2], et renvoie l'affaire au préfet. Le juge n'applique point la peine sans en référer au prince[3].

Tant qu'il n'est qu'en état de prévention, le sénateur conserve sa liberté; elle ne lui est ravie qu'après condamnation par jugement en forme et déchéance de sa dignité[4].

Les lois qui disposent ainsi à l'égard des sénateurs profitent, à plus forte raison, aux *spectabiles* et aux *illustres*. Pour ce qui concerne ces derniers, c'est à l'empereur qu'est adressée directement l'instruction[5].

Lorsqu'ils sont appelés en justice, à la poursuite d'un simple particulier, on ne les oblige point à donner caution, *juratoria cautione*. S'ils sont défaillants, dans un litige pécuniaire, le juge compétent les exécute en leurs biens; pour cause criminelle, leur félonie encourt seulement la perte de leur dignité[6].

Il est inutile de dire que ces priviléges étaient respectés dans la pratique, sauf excès et caprices du pouvoir absolu.

Un autre bénéfice très-important dont jouissaient les nobles, c'étaient les immunités. Pour les *illustres* et même pour les *clarissimes*, exemption complète des contributions (la contribution

[1] *Cod. Theodos.* l. 4 *de jurisd. et ubi quis.* etc. II, I.

[2] *Ibid.* l. 13 *de accus.* IX, I.

[3] *Ibid.* l. 10 *de pœnis*, IX, XL.

[4] *Ibid.* l 1 *de exhib. reis*, IX, II. *Cod.* l. 16 *de dignitatibus*, XII, I.

[5] *Cod.* l. 1.

[6] *Ibid.* l. 17.

foncière exceptée) et des services personnels qui incombent aux citoyens des municipes[1], exemption, à plus forte raison, des charges appelées *extraordinaires* et *sordides*. Celles-là pesaient en grande partie sur les petits propriétaires, sur les petites gens. Et non-seulement les biens des privilégiés, mais leurs hommes employés à l'exploitation des biens et à la gérance des intérêts, se trouvaient garantis par l'exception[2].

Si les propriétés étaient favorisées, combien plus les personnes! La loi menaçait de peines extraordinaires quiconque attentait à la vie, à la sûreté des conseillers de la couronne, des sénateurs, des officiers palatins[3].

Les femmes et les enfants des privilégiés étaient associés aux priviléges[4].

Tous les degrés de noblesse ne se prévalaient pas de conditions aussi brillantes. Cependant les *perfectissimes* devaient se

[1] L'énumération en serait trop longue ici; voir le titre du *Digeste, de muneribus*, l. 4, et le *paratitlon* du titre *de decurionibus*, *Cod. Theod.* XII, I.

[2] « Nous voulons que les biens des séna« teurs, qu'ils possèdent en différentes pro« vinces, et leurs hommes en même temps, « soient exempts de la perception de l'impôt « pour les recrues et de toutes autres pres« tations assignées par les gouverneurs, « comme de toutes charges extraordinaires « et viles, et qu'ils ne puissent être tenus « d'aucune obligation indigne. » (*Cod.* l. 4 *de dignit.* XII, I. Cf. *Cod. Theod.* l. ult. *de ext. et sord. mun.* XI, XVI.) On appelait *munera extraordinaria* les additions éventuelles aux taxes et redevances régulières, fournitures de chevaux et de charrettes (*angariæ*), logements militaires, etc.; *sordida munera*, la cuisson de la chaux pour entretien et réparation des édifices urbains, la perception de la taxe convertie en argent pour les recrues (*temonaria functio*), la fourniture du charbon pour le chauffage des bains, les menues fournitures de bois, de sel, etc. aux députés en voyage, les corvées pour travaux publics, la mouture, la panification, le service des boulangeries de Rome et de Constantinople. (*Cod. Theod.* ll. 15, 18, *de extraord.*)

[3] *Ibid.* l. 3 *ad leg. Corn. de sicar.* IX, XIV.

[4] *Cod.* ll. 11, 13, *de dignit.* XII, I. Cf. l. 1. Symm. *Epist.* I, LXX. On faisait payer aux sénateurs le prix de leur dignité par une forte contribution en or, *glebalis functio*, *auraria pensio*, *follis senatorius*. (*Cod. Theod.* VI, II, *de senat. et gleb. funct.*) Elle fut supprimée par les empereurs Arcadius et Honorius. (*Cod.* l. 2 *de prætor.* XII, II.)

trouver assez heureux d'échapper aux devoirs et aux tribulations de la vie municipale [1].

Les *égréges*, de trois degrés au-dessous des *perfectissimes* [2], avaient bien aussi leur petite part de faveurs. Quelle pouvait-elle être ? Une loi du code Théodosien nous autorise à penser qu'ils jouissaient de certaines immunités refusées aux sénateurs des municipes [3]. Nous savions que les traitements subis par les plébéiens dans les cas d'instruction criminelle leur étaient épargnés, ainsi que certaines espèces de pénalités [4].

Du reste, une obscurité complète.

L'expérience fit établir trois catégories dans chacune des classes nobiliaires ; elles sont expressément définies par une ordonnance du premier Théodose et de Valentinien II [5] :

1° Les dignitaires en activité [6] ;

2° Les décorés de titres d'office, sans emploi [7], mais en disponibilité ou ayant servi et portant les insignes du service [8] ;

3° Les *honoraires*, de nomination gratuite, sans office actuel, ni services passés, et n'en ayant pas les insignes [9].

Dans chacune de ces trois catégories deux subdivisions :

1° Les personnes suivant la cour [10] ;

2° Celles des provinces [11].

Il n'est question, dans l'ordonnance de Théodose, que des *illustres*, mais il est évident que la règle s'appliquait aux autres classes, quand même on n'en rencontrerait pas de preuves dans les codes ; et elles abondent.

L'ordonnance avait pour objet seulement de fixer l'ordre du

[1] *Cod. Theod.* l. 36 *de curs. pub.* VIII, v ; l. 5, 15, 26, etc. *de decur.* XII, I.

[2] Voy. p. 87, note 6.

[3] L. 5 *de decur.*

[4] Voy. p. 65.

[5] *Cod.* l. 2 *ut dignit. ord. serv.* XII, VIII.

[6] *In actu positi, inter agentes.*

[7] *Vacantes.*

[8] *Cingulum.*

[9] *Sine cingulo.*

[10] *Præsentes, in præsenti.*

[11] *Absentes.*

cérémonial, ainsi que la rubrique l'annonce[1] : les dignitaires en activité, *administratores*, depuis les premiers jusqu'aux derniers[2], auront le pas sur tous les décorés sans fonctions ; c'est-à-dire que le comte des largesses sacrées et le comte du domaine, qui figurent aux derniers rangs sur le tableau des grands offices de la cour impériale, auront le pas même sur un préfet du prétoire ou un maître général des milices en non-activité, *vacans*. Mais la supériorité des *vacantes* sur les *honorarii* n'est pas aussi générale. A titre d'office égal les premiers doivent l'emporter sur les seconds ; mais l'*honoraire* primera le *vacant*, s'il a un titre supérieur.

Cependant il y avait dans l'état du titulaire *vacant* une puissance rétrospective, ou d'avenir, qui lui donnait un avantage réel sur l'honoraire. Il avait pour lui ou l'éméritat, ou la disponibilité, quelquefois l'un et l'autre tout ensemble.

Théodose, dans son ordonnance même, produit deux exemples notables à l'appui de cette observation. Germanus et Propentadius, celui-ci ancien préfet du prétoire, celui-là ancien maître général des milices, tous deux *vacantes*, reçurent des commissions d'activité à l'occasion d'une guerre ; le second commanda les troupes, le premier eut l'intendance des approvisionnements. L'empereur les assimila aux *illustres* en exercice, quoique surnuméraires. La qualité de *vacantes* ne leur convenait plus.

Il y avait encore une différence capitale entre les *vacants* et les *honoraires*. Les uns possédaient un honneur légitimement acquis, avec des priviléges assurés. C'étaient en quelque sorte les émoluments de la retraite et la récompense des services[3].

[1] « Pour que l'ordre des dignités soit « observé. »

[2] *Etiam comites rei privatæ.*

[3] *C. Th.* l. 1 *de primic. et notar.* VI, x ; l. 4 *de codic. honor.* VI, xxii. Souvent les émérites recevaient avec leur congé des

Les autres se targuaient d'une faveur subreptice, obtenue par sollicitations, souvent par mensonges, à prix d'argent, toujours réprouvée et toujours contestée [1]. Combien, dans ce gouvernement d'arbitraire et de vénalité, ne devait-il pas se pratiquer de fraudes et d'intrigues pour le commerce des brevets honoraires entre les courtisans, qui trompaient le prince au profit de leurs protégés, et les habitants des provinces, à qui rien ne coûtait pour usurper les immunités avec les titres de noblesse, unique moyen de se décharger des obligations municipales! Les codes sont remplis de plaintes contre ces abus. On s'efforce de les rechercher, de les découvrir et d'en annuler les bénéfices injustes [2]. On poursuivait cette contrebande jusque dans les derniers rangs des anoblis, et c'étaient ceux qui avaient voulu en profiter qu'on choisissait des premiers pour les emplois onéreux [3].

§ IV.

CRÉATION DES TITRES DE COMTES.

Le commencement du IVe siècle vit éclore un autre genre de noblesse, qui tenait par ses éléments primitifs aux anciens

titres de dignités supérieures à celles qu'ils avaient exercées, et montaient au degré de noblesse que comportait leur nouveau titre. (*C. Th.* l. 3 *de primic. et not.*; l. 8 *de princip. ag. in reb.* VI, XXVIII.)

[1] « Emendicatis insignibus » (l. 5 *de codic. hon.*). « Coemptis procurationum administrationibus » (*ibid.* l. 2). « Suffragio comparato » (l. 5 *de decur.* XII, 1).

[2] « Si quelques décurions sont parvenus au rang de *spectabilis*, ils supporteront eux-mêmes les charges curiales et celles de sénateurs... et les fils resteront liés comme leurs pères. Et, s'il y en a qui aient usurpé une place entre les *illustres* sans avoir passé par les travaux de l'administration, mais en surprenant un titre honoraire, qu'ils soient tenus ainsi que leurs fils de remplir les devoirs de la curie et ceux du sénat. » (*C. Th.* l. 187 *de decur.* Cf. l. 1, 6, *de codic. hon.*; l. un. *de comit. et trib. schol.* VI, XIII; l. 39, 44, *de curs. pub.* VIII, V.)

[3] *Ibid.* l. 5. *de decur.* XII, 1; l. 23 *de curs. pub.*

temps de la cité romaine; qui existait en germe, mais sans avoir pris encore une forme caractérisée et précise, sous les premiers empereurs, et qui ne reçut sa constitution définitive que du règne de Constantin et de ses successeurs; je veux parler des comtes, *comites*.

Déjà les citoyens éminents de la République avaient eu, outre leurs clients ordinaires, sous le nom d'amis, une autre espèce de clientèle plus libre, plus volontaire et beaucoup plus étendue. Un vieil historien[1] raconte que Tiberius Gracchus, dans ses dernières luttes, ne sortait point de chez lui sans un cortége de trois à quatre mille personnes. La mort de Livius Drusus montra que, dans la foule d'amis qui se pressaient autour de ces citoyens puissants, il pouvait se mêler des assassins[2]. On n'en appelait pas moins de ce nom ceux, en très-grand nombre, que les patriciens ou les chefs du peuple admettaient dans leur clientèle et dans leur suite. Il y avait, au dire de Sénèque, divers degrés de réceptions, diverses classes d'amis[3] : ceux qui n'entraient point et se tenaient à la porte, prêts à faire cortége; ceux qu'on recevait dans le vestibule et dans l'atrium, enfin les intimes, et, comme disait un noble personnage, ceux de tous les jours et de toutes les heures[4].

La coutume se continua sous l'empire, surtout chez les empereurs, mais dans de moins vastes proportions et dans des rapports plus fixes et plus déterminés de commerce domestique et de commensalité[5]. Pour ne citer que quelques exem-

[1] Sempronius Asellio, *ap. Gell.* II, XIII.

[2] Appien, *Guerre civ.* I, XXXVI.

[3] « Primæ, secundæ admissionis. » (Sen. *De benef.* VI, XXXIII, XXXIV.) « Totam cohor« tem primæ admissionis. » (Id. *De clement.* I, x.) Dans la suite cette classification se maintint : « Amicos non solum primi ac se« cundi loci, sed etiam inferiores. » (Lamp. *Alex.* XX. Cf. Dio. LXXVI, v.)

[4] Suet. *Tib.* XLII.

[5] On reprochait à un prince d'avoir interrompu de telles habitudes, « submo« vendo amicos a societate communi et a « conviviis. (J. Capitol. *M. Aurel.* XXIX.)

ples entre beaucoup d'autres, Adrien et Alexandre Sévère se faisaient des conseillers intimes de quelques jurisconsultes, de quelques sénateurs et même de certains chevaliers, auxquels ils donnaient le titre quasi officiel d'amis[1]; ils choisissaient souvent parmi eux soit des commissaires pour les affaires militaires ou civiles[2], soit des magistrats, et le titre d'ami restait joint au nom de la magistrature[3].

Un autre usage de la République : lorsqu'un préteur ou un proconsul était envoyé dans une province, outre les officiers de son prétoire, greffier, héraut, licteurs, etc. il emmenait avec lui des amis, qui l'assistaient comme conseillers, quelquefois comme délégués, qui tout au moins vivaient aux dépens des provinciaux, voyageaient à leurs dépens, s'enrichissaient de leurs biens, et commandaient chez eux par la volonté souveraine et absolue du magistrat qui imposait la loi au nom du peuple romain[4]. Ces amis étaient dits les compagnons, *comites*, du préteur[5]. Les empereurs eurent de même leur *compagnie*, *comitatus*, dans leurs voyages et dans leurs expéditions guer-

[1] Spart. *Hadr.* XVIII; Lamprid. *Alex.* XX. Cf. Plin. *Hist. nat.* XII, VI : « C. Marlius... « Divi Augusti amicus. » (Suet. *Tib.* VII.)

[2] « Res bellicæ et res civiles per amicos « tractabantur. » (Lamp. *Alex.* XXIX.)

[3] « Vous renverrez l'affaire à Fabius « Cilon, préfet de la ville, notre ami. » (Rescrit de Septime Sévère, *Dig.* fr. 1 *de off. præf. urb.* I, XV.) « Domitius Ulpien, « préfet de l'annone, jurisconsulte, notre « ami. » (Rescrit d'Alexandre Sévère, *Cod.* l. 4 *de contrah. et committ.* VIII, XXXVIII.) Les *amis* prenaient un rang supérieur aux employés en chef de la chancellerie impériale. « Jamais, dit l'auteur de la Vie d'A- « lexandre, XXXII, il ne destitua aucun de ses « amis et des hommes de sa compagnie, « *amicorum comitumve*, ni même les direc- « teurs des offices palatins. »

[4] Le vieux Caton faisait la critique des autres en même temps que son propre éloge par ces paroles, dans une de ses harangues : « Je n'ai jamais donné d'au- « torisations de voyager gratuitement à « mes amis pour les autoriser de ma signa- « ture à extorquer de grosses sommes. » (Lettres de Fronto à Marc-Aurèle, p. 150, édit. de Rome 1836.) Verrès n'en faisait pas d'autres.

[5] On disait aussi : « sa cohorte. » *Laudat Brutum laudatque cohortem.* (Hor. *Sat.* I. VII, 22. Cf. Ernest. *ind. cicer.* v. *cohors.*)

rières. C'était, en quelque sorte, un état que d'être ami ou compagnon de César[1] ou des princes de sa famille[2], souvent les deux titres réunis[3]. Suétone fait remarquer que Tibère, par avarice, n'accordait à ses compagnons que des indemnités de route, et point de traitement. Il en fit trois classes, et donnait à ceux de la première six cent mille sesterces (environ 108,000 francs), à ceux de la seconde quatre cent mille, et deux cent mille aux derniers[4]. Que faisaient donc les princes généreux? On trouve dès lors plus rarement des compagnons en titre auprès des simples magistrats[5].

Lorsque le cérémonial de la cour voulut qu'on adorât le prince comme un dieu, c'eût été presque un sacrilége que d'oser se dire ami des Augustes; c'était beaucoup que d'être élevé à l'honneur de leur compagnie. Le titre d'ami disparut; celui de *comes*, comte, devint une dignité[6]. Cette transformation s'opéra sous Constantin, qui créa des comtes de premier, de second, de troisième ordre. Tout ministère, tout office émanant directement du prince et ressortissant plus ou moins immédiatement à lui, portait le dignitaire dans la sphère

[1] Orell. 3139, 3186, 3440, 3652; Henzen, 5477, 5478, 5479, 5488; Zell, 898; Renier, *Insc. alg.* 1817; Suet. *Vesp.* IV; Jul. Capitol. *Vero imper.* VII. *Dig.* fr. 43, *testam. mil.* XXIX, I.

[2] « Domitius comes ad Orientem C. Cæ« saris juvenis... dimissus e cohorte amico« rum. » (Suet. *Ner.* v. Cf. Id. *Tib.* XII; Hor. *Epist.* I, VIII, 2; Tac. *Ann.* III, XIII; VI, IX.)

[3] Salmas. *In Spart. not.* p. 47, 48, *Hist. Aug. script.* in-fol. 1620.

[4] Suet. *Tib.* XLVI.

[5] Cependant il y en avait encore, et ils jouissaient d'un traitement. « Hoc... perti« net... ad... comites legatorum, qui ad « ærarium aut in commentarium principis « relati sunt. » (*Dig.* fr. 32 *Ex quib. causis*, IV, VI. Cf. Orell. 3446, 3447.)

[6] « Adjecta comitis dignitate. » (Amm. XIX, XIII, p. 231. Cf. XV, X, p. 442.) Valentinien et Valens, se partageant l'empire, partagèrent aussi leurs gens, *partiti comites*. (*Id.* XXI, III, p. 267.) Ailleurs un militaire est mis à la tête d'une armée, n'ayant pas encore le titre de maître général des milices, mais de comte. (*Id.* XXVI, V, p. 453.) Une inscription du IVe siècle présente le titre de comte d'une manière absolue : « L. Nonius Verus, vir consular... comes pa« tronus Mutinensium, etc. » (Orell. 3764.)

du comitat sacré, comte non pas de l'empire, mais de l'empereur[1]; et ce titre se joignait à un nom d'emploi[2] ou remplaçait les anciens noms de préfet et de légat : comte des largesses sacrées, comte du domaine privé, comte des corps ou divisions militaires[3].

Dès le temps de Constantin et de ses fils, on voit des comtes de l'Asiana[4], de Macédoine[5], des Gaules[6], des Espagnes[7], d'Afrique[8], c'est-à-dire des commandants de divisions militaires dans les provinces[9], ou de corps de troupes envoyées en expédition[10]. Un capitaine des gardes du corps était un *comes domesticorum*[11], et l'on donna même ce titre à des chefs de barbares[12].

Dans l'ordre civil, les comtes du consistoire impérial, *sacrum consistorium*, tenaient le rang le plus élevé de la seconde classe de la noblesse, après les *illustres*, au-dessus des *clarissimes*[13]. Le consistoire impérial était à la fois le conseil des ministres et le conseil d'État réunis; d'une part, les grands officiers de la couronne, préfet du prétoire, maîtres généraux des milices, grand maître des offices palatins, secrétaire

[1] « C. Ceionius Rufus Volusianus... cor« rector Italiæ... et comes Domini nostri « Constantini. » (Gervas. *Iscr. onor. di Mavorzio Lolliano*, p. 48. Napoli, in-4°. Cf. Amm. XXIX, v, p. 576.)

[2] « Comes et magister militum. » (*C. Th.* l. 3 *de divers. off.* VIII, VII; l. 8 *de metal.* VII, VIII.) *Comes et magister officiorum*, l. 8 *de curs. pub.* VIII, v.

[3] *C. Th.* VI, XIV, *de comitib. rei militar.*

[4] *C. Th.* l. 1 *fin. regund.* II, XXVI. Diocèse composé de huit provinces. (*Notit. orient.* c. XXII.)

[5] *Ibid.* l. 2 *de censu*, XI, III.

[6] *Ibid.* l. 19 *de re milit.* VII, I.

[7] *C. Th.* l. 1 *de accus.* IX, I; l. 4 *de decur.* XII, I.

[8] *Ibid.* l. 1 *quemad. mun. civ.* XII, V.

[9] Amm. XXI, IX, p. 275.

[10] *Id.* XXI, III, p. 267, 15, p. 289. Cf. p. 97, note 6, et *C. Th.* l. 1, 3, *de comit. rei mil.* VI, 14.

[11] *Notit. or. et occ.* h. v. Amm. XIV, x, p. 50.

[12] « Areobindus, comes fœderatorum. » (Mai, *Spicil. rom.* tom. II, *ad calc.* p. 19.)

[13] *C. Th.* l. 1 *de comit. consist.* VI, XII. Orell. 2285. « comiti in consistorio, » inscription du temps de Constantin. « Comes intra con« sistorium ord. prim. » 3184, 3185.

d'État, etc. de l'autre, les comtes sans fonctions actives[1], mais cependant en service ordinaire et, pour ainsi dire, en disponibilité perpétuelle, et pouvant être appelés aux délibérations souveraines. Aussi le secrétaire du roi Théodoric fait-il remarquer, dans la formule de nomination, à celui à qui elle est adressée, que « Sa Spectabilité » a l'honneur d'entrer dans l'assemblée des *illustres* (le conseil des ministres), et qu'il n'y a pas de dignité qui puisse être placée entre eux et lui[2].

Il faut observer cependant que cette prééminence des comtes du conseil sacré dans la classe des *spectabiles* ne date que du ve siècle. Auparavant les proconsuls étaient les égaux des conseillers, sinon leurs supérieurs[3].

Il y avait trois ordres de comtes; il va sans dire que les conseillers d'État étaient du premier. Mais tout comte de premier ordre n'était pas conseiller d'État[4].

Le comitat de premier ordre[5] s'accordait à des chefs de division de la chancellerie impériale[6], à des gouverneurs de grandes provinces sortant de fonctions[7], aux médecins du palais[8]; aux professeurs des cours publics dans la capitale après vingt ans d'exercice[9], à des artistes et à des directeurs de travaux publics[10].

[1] « Otiosi cinguli honore præcincta dig« nitas. » (Cass. *Var.* VI, XII.)

[2] « Votre noble *spectabilité* tout à fait « digne de figurer dans l'assemblée des *il« lustres*... Appelé dans notre conseil, vous « en êtes un ornement. Vos honneurs vous « approchent des *illustres*, et personne n'est « auprès d'eux avant vous... Tous ceux « qui sont décorés de la *spectabilité* mar« chent à votre suite. »

[3] *C. Th.* l. I *de comit. consist.* VI, XII, 399.

[4] Cette différence est marquée dans une inscription d'Orfitus, préfet de la ville, en 353 : « Comiti ordinis primi, item co« miti ordinis primi intra consistorium. » (Orell. 3184. Cf. 3192.)

[5] « Comitiva ordinis primi. »

[6] *C. Th.* l. *un. de comit et trib.* VI, XIII.

[7] *Ibid.* l. *un. de consularib. et præs.* VI, XIX.

[8] *Ibid.* l. *un. de comit. et archiat. sac. pal.* VI, XVI.

[9] *Ibid.* l. *un. de prof. qui in urbe*, VI, XXI.

[10] *Ibid.* l. *un. de comit. ord. pr. artium divers.* VI, XX.

Les honneurs n'allaient pas sans priviléges, non pas cependant les mêmes pour tous; car il y avait encore différents degrés dans ce premier ordre.

Les conseillers d'État et probablement aussi les comtes de la milice armée et de la milice palatine étaient de beaucoup les mieux partagés. Godefroi[1] énumère leurs immunités : exemption de fournir caution en cas de location de biens domaniaux, exemption de charges sordides, de prestation de recrues et de chevaux pour l'armée, de dépenses pour les jeux de la préture, de logements militaires.

Les médecins jouissaient d'une faveur pareille. Mais les décorés pour cause d'industrie utile et de profession des beaux-arts[2] ne prenaient rang que parmi les gouverneurs de province appelés consulaires, c'est-à-dire parmi les *clarissimes*. Le décret même qui leur confère cette distinction atteste qu'ils la déclinaient souvent, pour n'en pas subir les charges, principalement la contribution sénatoriale[3] et l'obligation d'aller siéger au sénat et de prendre part aux autres assemblées.

Il est peu fait mention des comtes de second et de troisième ordre, dans les monuments historiques[4]. Le second est la récompense de services militaires et palatins[5]. Il affranchissait des liens de la curie municipale.

Le troisième ordre ne jouissait pas du même avantage. Les décurions qui avaient parcouru tous les emplois du municipe, les membres des corporations qui fournissaient la viande de la capitale, après cinq ans d'inspection des entrepôts, obte-

[1] *Ad.* l. 1 *de comit. consist.*

[2] *Diversarum artium*, page 99, note 10. (Voy. l'énumération de la loi 2, *C. Th.* VI, xx, *de excusat. artif.*)

[3] Voy. p. 91, note 4.

[4] Orell. 3184, 3185.

[5] *Cod. Theod.* l. 2 *de comit. rei. mil.* VI, xiv; l. 17, 18, *de proxim. disposit.* VI, xxvi. Orell. 3672 : « L. Aradio Val. Proculo, viro « clariss. . . comiti ordinis secundi, comiti « ordinis primi. . . » (Cf. 3161, 3162, 3184, 3185.)

naient de droit cet honneur, mais ils restaient attachés les uns à la curie, les autres à leurs corporations[1].

Pour les comtes, comme pour les autres classes de noblesse, il y eut des catégories d'activité et de *vacance*[2], et, dans cette dernière, les mêmes différences entre les émérites et les disponibles, d'une part, et, d'autre part, les honoraires par collation, sujets aux mêmes réprobations, aux mêmes disgrâces[3].

CONCLUSION.

En y réfléchissant (la réflexion pourra sembler tardive, mais elle est toujours opportune, puisqu'elle est vraie et nécessaire), je m'aperçois que le mot de noblesse, dont je me suis servi si souvent dans ce mémoire, peut entraîner une erreur. La noblesse n'existait pas dans le Bas-Empire, telle du moins que l'histoire de notre pays et en général l'histoire des temps modernes nous en ont inculqué l'idée, à savoir : des familles dans lesquelles se transmettent, avec le nom et le patrimoine, des distinctions, des priviléges, et en même temps des devoirs onéreux et honorables, par droit de naissance, sous la condition du droit d'aînesse; subsistant par elles-mêmes, indépendamment de la volonté du souverain, formant, soit comme conseil ou partie du gouvernement, soit par l'association ou la simple communauté des intérêts, une puissance politique.

[1] *C. Th.* l. 127 *de decur.* XII, I, l. 9, 10, *de suar. pecuar.* XIV, IV.

[2] Voyez pag. 92. *C. Th.* l. *un. de comit. vac.* VI, XVIII; Cassiod. *Var.* VI, XII, « formula comitivæ primi ordinis vacantis. »

[3] *C. Th.* l. *un. de com. vac.* : « Quiconque « a obtenu le comital de premier ordre ou « par argent ou par faveur, etc. »

Cela se voit encore en Angleterre, en Allemagne et dans d'autres royaumes. Cela ne se voit plus chez les peuples qui ont établi pour bases de leur contrat social l'égalité des citoyens devant la loi et le partage égal des héritages. Là on prendra encore des titres nobiliaires; il pourra même s'être conservé des familles illustres, dans lesquelles on garde toujours la maxime, « noblesse oblige; » il n'y aura point de noblesse. La démocratie, qui lui est antipathique et avec laquelle elle demeure incompatible, règne seule, règne souverainement, quelque forme qu'elle revête, ochlocratie ou monarchie. Si c'est la multitude qui domine, elle se ruine bientôt elle-même, et, comme dit Montaigne, s'abat par l'extravagance de sa force. Si de son débris s'élève un pouvoir absolu et despotique, la réaction de l'opinion publique, l'influence réciproque des diverses nations qui se pénètrent les unes les autres par les idées, la solidarité de la fortune publique avec les fortunes privées et avec les finances étrangères, modèrent ce pouvoir ou le détruisent.

Il n'en était pas, il n'en pouvait pas être ainsi dans l'empire romain en décadence. Tombés de la liberté, pour laquelle et par laquelle vivait le citoyen, sous le joug des Césars, qui devinrent désormais l'unique et universelle puissance, les Romains furent les sujets les plus soumis, les plus abandonnés, *in servitutem ruebant*. Étrangers au sentiment du point d'honneur des modernes, ils n'eurent pas même la pudeur de la servitude. Point de contrôle de l'opinion publique; tout se taisait devant le maître. L'empire embrassant tout le monde civilisé, point de civilisation étrangère dont l'exemple et le contact fussent à redouter, dont il fallût ménager les jugements. Les Césars ne voyaient au dehors que des barbares, qui les châtiaient quelquefois, et ne les corrigeaient pas.

Le despotisme, en ce temps, avait atteint le dernier degré où des peuples civilisés puissent descendre, la volonté du maître faisant la loi en tout et mesurant le droit de chacun à son bon plaisir, le sort et la vie de tous suspendus en la main d'un seul. Comment la noblesse, à vrai dire, aurait-elle pu exister en un tel état d'instabilité et de misères? On rangeait les emplois du gouvernement et de l'administration dans des classes, sous des titres indiquant les degrés de promotion, selon qu'on approchait de la maison et de la personne du prince; quelque chose comme la hiérarchie des conditions sociales en Russie. Une faveur portait le plus obscur mortel au sommet des grandeurs; une disgrâce précipitait le plus superbe dans le néant. Les historiens offrent une foule d'exemples de ces vicissitudes soudaines[1] : des esclaves, des eunuques, régnant sous le nom du maître; des préfets du prétoire livrés à la torture et au supplice; des colons barbares, des hommes de la lie du peuple parvenant aux dignités et au pouvoir par l'intrigue et par la délation, et persécutant tout ce qui avait un nom et une position honorables. Au-dessous du monde officiel, trop fier de son opulence et de ses immunités, la bourgeoisie et le peuple des cités et des campagnes, *curiales, plebs urbana, plebs rustica,* supportaient toutes les charges de l'État; c'était la plus énorme inégalité des conditions sociales dans l'égalité universelle de sujétion et d'existence précaire; des privilèges iniques pour les heureux, des obligations accablantes pour le reste, nulle garantie pour personne. L'humanité, sous la pression de l'empire, était comme une poussière sans cohésion, sans consistance, qu'un vent impétueux peut soulever en un moment par masses compactes, en tourbillons destruc-

[1] Amm. XXVII, III, p. 478; XXVIII, I, p. 507, 516-18.

teurs, et qui, l'orage cessant, retombe inerte et immobile, et n'est plus remuée que sous les pieds des chevaux et des hommes qui la foulent, ou par une main qui s'amuse à en ramasser quelques grains pour les jeter au vent.

Vainement le faste du protocole impérial prétendait voiler ces misères de son faux clinquant et d'une apparence d'ordre majestueux. Le cérémonial des réceptions, non-seulement à la cour, mais chez les moindres puissances, était une affaire importante. On chargeait les dignitaires et les courtisans de costumes somptueux, de magnifiques insignes. On ne les abordait pas sans les appeler, « Votre Grandeur, Votre Sublimité[1], » et d'autres noms splendides, qui ne faisaient point illusion aux sages, tels que Symmaque. Mais lui-même, tout en les répudiant dans le commerce intime et confidentiel[2], ne s'en abstenait pas cependant, et ne pouvait s'en abstenir dans la correspondance ordinaire. Le vulgaire en était ébloui, et les barbares s'y laissaient prendre quelquefois. Il semblait que plus les hommes s'avilissaient, plus on s'efforçait d'exagérer l'orgueil de leur langage et la pompe de leurs représentations.

Et le peuple?... qu'on n'oubliait pas pour son malheur, et que nous ne devons pas oublier dans cette dernière revue. Pour qu'il y ait une noblesse, il faut qu'il y ait un peuple dessous. Nous savons en quel mépris le tenaient les gouvernants et les légistes[3]. Il ne cessa plus de déchoir dans ce pro-

[1] Symm. *Epist.* II, XXI: *Amplitudo tua; ibid.* XLIV : *Celsitudo tua; ibid.* VIII, LXIV : *Eximietas Tua.* (Cf. *Cod. de novo codice faciend.* : « Leontium, virum sublimissi-« mum. »)

[2] Symm. *ibid.* IV, XLII : « Dites-moi pour-« quoi, ayant gardé l'ancien usage au « commencement de votre lettre, en m'ap-« pelant tout simplement par mon nom, « vous l'abandonnez dans le reste du mes-« sage. Que d'autres aiment à se faire sa-« luer du titre de *sublimité;* moi, je ne veux « pas même qu'on me donne de la *magni-« ficence.* »

[3] Voy. p. 74-76. Cf. *Cod. Th.* l. 7 *de spectacul.* XI, XL; l. 4 *quæ res ven. poss.*

fond abaissement, qu'il n'eût perdu jusqu'au nom et à la fiction de son état civil. Outre cette déplorable inégalité des conditions, que semblaient démentir les belles protestations de certaines lois généreuses[1], mais que toutes les autres sanctionnaient, outre les flétrissures et les ignominies infligées à certaines professions qui n'avaient rien en soi de honteux ni de coupable, et qu'on avait tort de confondre avec des industries justement réprouvées[2], l'épuisement des petits patrimoines ruraux et, par suite, le dénûment et la faim, poussaient les pauvres paysans dans la servitude, comme en un refuge désespéré; ils entraient libres dans les domaines des grands, et y devenaient serfs de leurs hôtes[3]; tellement incorporés à la propriété, que, si leurs fils ou leurs filles contractaient mariage avec les serfs d'un autre domaine ou avec les membres d'un collége d'ouvriers appartenant à l'État, on les restituait aux maîtres qu'ils avaient quittés, et l'on brisait des unions que la loi chrétienne avait bénies[4]. Les barbares trouvèrent ainsi les campagnes habitées par des colons attachés à la glèbe.

Résumons en quelques mots les trois parties de cette exposition historique.

La noblesse romaine, qui avait commencé par le despotisme d'une caste militaire et sacerdotale, ayant été contrainte, après une lutte acharnée et une longue résistance, à ouvrir ses rangs au peuple, s'était agrandie et fortifiée par cette heureuse

l. 12 *De dignitatibus*, XII, I : Les juges prévaricateurs doivent être punis, dégradés, « inter pessimos quosque et plebeios « habeantur, » an 380.

[1] « Nous ne jugeons pas personne basse « et abjecte une femme pauvre, mais née « de parents ingénus... Nous voulons que « la fortune ne mette point de distance « entre les ingénues (pauvres) et les riches « héritières. » (*Cod.* l. 7 *De inc. et inut. nupt.* V, v, 454.)

[2] Paul. *Sent.* II, XXVI, *De adult. Cod.* l. 1 *De natur. liber.* V, XXVII. *Novell.* Marcian. IV. Montesq. *Espr. des lois*, XXI, XIV.

[3] Salv. *De gub. Dei*, V, VIII, IX.

[4] *C. Th.* l. 10 *De murileg.* X, XX.

défaite. Dans ce temps, à la constance et à la fierté des traditions politiques se joignit chez elle une continuelle recrudescence de jeunesse et de vigueur. Ce fut son âge héroïque, l'ère des hautes vertus, des triomphes du patriotisme et de la sagesse. Mais l'élément populaire, après avoir conquis sa place, ne sut pas se contenir et voulut trop prévaloir. En même temps les richesses des nations vaincues corrompirent les vainqueurs; aux disputes des deux ordres succédèrent les querelles des ambitions particulières. La République avait fait des citoyens trop grands et trop puissants pour qu'ils ne fussent pas tentés de se mettre au-dessus des lois et de régner en maîtres. Les guerres civiles éclatèrent et aboutirent à l'asservissement général. La noblesse, décimée, mutilée, vécut encore un temps sous les Césars, dans quelques-uns de ses membres, par leurs souvenirs et leurs regrets. Les Césars essayèrent même de la relever et de la reformer comme une pièce utile et une décoration de leur gouvernement. Mais, après le règne des Antonins, elle suivit la décadence de toutes choses, jusqu'à ce qu'elle finît par s'évanouir dans le fantôme du sénat de Rome et sous les titres du Bas-Empire.

www.ingramcontent.com/pod-product-compliance
Lightning Source LLC
LaVergne TN
LVHW020349230826
846091LV00003B/1044

* 9 7 8 2 0 1 1 9 4 5 7 8 5 *